中央民族大学民族学与人类学丛书

文化、法律与生态

巫达　主编

CULTURE, LAW AND THE ECOLOGICAL ENVIRONMENT

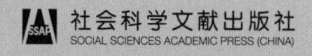

社会科学文献出版社
SOCIAL SCIENCES ACADEMIC PRESS (CHINA)

目 录

文化、习惯法与生态保护 …………………………… 巫　达 / 001

FPIC 原则、世居民族与可持续水电 ………………… 周　勇 / 010

通过乡规民约的乡村治理
　　——以南宁市伏林村的纠纷处理为例 …………… 刘　坚 / 026

法律与道德博弈之再探究 ……………………………茆晓君 / 037

生态人类学视域下哈萨克环境习惯法的当代价值与现实
　　困境 ………………………………………………… 陈祥军 / 047

黔东南苗族村寨传统景观布局所体现的生态文化
　　基因 ………………………………………… 林　晨　龙春林 / 061

四川升钟水库建设者的口述史研究 ……… 王　丹　姚巨容　肖友楠 / 070

环境社会学微观视角下青藏高原垃圾治理路径探析
　　——以三江源区"捡垃圾"行动为例 ………… 徐　君　陈　蕴 / 078

铸牢中华民族共同体意识视域下牧区治理何以有效？
　　——以 X 旗"北疆红色堡垒户"建设工作为例 …… 郑泽玮 / 096

一个人造绿洲中人与环境的互动
　　——基于石河子垦区的个案分析 ………………… 孙荣垆 / 109

生态文化与交易法则的变迁
　　——从彝族的贷碗传说与默契交易谈起 ………… 王广瑞 / 121

从饮食中看生态文化
　　——以山西老陈醋为例 …………………………… 张梅梅 / 128

从文化交流角度看明代万历年间崂山海印寺地产的佛道之争
　　——一项法律人类学和历史人类学之研究 ……… 周　琳　杜　靖 / 136
聚焦于文化多样性的跨学科对话
　　——文化、法律与生态学术研讨会述评 …………………… 王广瑞 / 152

文化、习惯法与生态保护*

巫 达**

摘 要：习惯法是"文化的法律",是一种地方性知识,是人们共享、习得并约束和指导人们行为规范的一套意义系统。习惯法的研究属于法律人类学的研究领域。习惯法有别于国家颁布的成文法,但其功能是对成文法的有效补充。本文将田野调查的个案和前人研究的文献讨论作为地方性知识的习惯法以及对生态环境有保护功能的习惯法。铸牢中华民族共同体意识包括铸牢中华民族文化共同体意识。调查、研究和总结各民族文化中有利于生态环境保护的习惯法,对寻找多种形式、多种方法保护生态有着重要的现实意义。对生态环境保护方式的多样性加以研究并付诸实践是构建人类命运共同体的重要内容。

关键词：文化 习惯法 生态保护 法律人类学 彝族

一 引言

法律人类学关注"文化的法律"——习惯法的相关议题。在习惯法和成文法之间、在文化和法律之间的研究空间,是法律人类学的研究领域。"文化的法律"是约定俗成的,不是人为专门制定的,这是习惯法与成文法之间的区别。虽然习惯法不是已经写成文字的成文法,但是,人们通常会像遵循成文法那样遵循约定俗成的习惯法。在一个社会里,小孩子的社会

---

* 本文原载《凉山民族研究》2021年年刊,题为:《文化、文化法与生态保护——法律人类学的视角》。
** 巫达,中央民族大学民族学与社会学学院、副院长、教授、博士生导师,中央民族大学民族文化多样性研究中心主任。

化过程就是接受文化实践的过程。下一代人通过参与观察并习得上一代人所实践的文化,从而使整个社会遵循相同的行为方式去行动,久而久之约定俗成形成习惯法。在四川省凉山彝族地区,如果一个人跟另外一个人发生冲突而受到羞辱,他没有把对方杀死,而是把自己给杀死了(自杀),学术界称之为"死给"。按照彝族习惯法,"死给"等同于"他杀",轻者赔偿命金,使对方倾家荡产,重者要让对方抵命。这种习惯法虽然没有写成文本,不是成文法,但是,人们必须遵循这种"习惯",实际上等同于成文法。

生态人类学关注的问题是文化与生态之间的关系。不同生态环境下会有不同的文化与之相适应,同理,不同的文化对生态环境有不同的影响。文化对生态的影响,往往表现为人类对生态的掠夺,从而破坏了生态,最后把该文化带入毁灭。《人类学与当代人类问题》一书的作者约翰·博德利(John Bodley)指出:

> ……人类的行为对于环境是一种"导致冲突的轨迹",危及人类生活不能持续发展下去,将人类的未来推至高风险状态。他们预言,除非我们赶快有效地纠正当前的行为,否则毁灭性冲突、不稳定的大规模移民和人类巨大的痛苦将会越来越多。[①]

但在一些文化里,文化对生态是起保护作用的。在这种情况下,文化表现出来的行为规范准则是以保护生态为目的。其中,最为常见的是把生态与信仰挂上钩,让人们相信生态环境是有感觉、能与人类互动的神灵。如果违背了生态这个神灵的"意志",人们就会遭到生态神灵的惩罚。

用成文法律对生态进行保护是大家熟知的,包括中国在内的世界许多国家共同努力,通过国际性的法律来保护全球性的生态环境。我国早在1989年12月26日第七届全国人民代表大会常务委员会第十一次会议就通过了《中华人民共和国环境保护法》。2014年4月24日的第十二届全国人民代表大会常务委员会第八次会议对该法律进行了修订并于2015年1月1

[①] 〔美〕约翰·博德利:《人类学与当代人类问题》,周云水、史济纯、何小荣译,北京大学出版社,2010,第6~7页。

日起施行。保护生态的方式和方法，一是国家层面上法律的保护，二是地方社会文化特有的习惯法的保护。我们在研究用国家法律制度保护生态的同时，还应该深度研究不同文化关于生态保护方面的地方性知识和习惯法，使之成为国家法律的有效补充。本文讨论不同的文化如何保护生态，讨论习惯法作为一种文化是如何起到保护生态的作用。所依据的材料，除了注明出处的文献资料之外，主要来自笔者长期关注和调查研究的凉山彝族的材料。

二 地方性知识与习惯法

人类学意义上的文化，是一套由一群人共享的规则和意义系统。这套规则和意义系统有序地维持着一个社会的秩序，规范人们的行为。这套规则和意义系统不是我们人为特意制定的，而是人们在日常社会生活实践中约定俗成而形成的。譬如说，人们见面的时候，不同的文化有不同的表达方式：有些文化相互点个头，有些文化相互鞠个躬，有些文化相互握个手，有些文化相互亲吻脸颊，有些文化相互拥抱……我们每个人从小生活在一定的社会文化环境中，逐渐不知不觉地掌握并实践某种文化。耳濡目染的社会化是小孩子成长的必然过程。文化是一套"地方性知识"。在汉语语境下，人类学所关注的"文化"往往与我们所看到的日常生活中的"文化"是有差异的。国家层面的"文化和旅游部"里的"文化"与地方政府层面的文化馆、文化宫里的"文化"，有很多是来自人为的"创作"，与人类学意义上的文化概念有关联，但不完全是一回事。

在一个多族群多文化的环境里，不同族群之间的交往，在文化上会相互产生影响。当今世界，在全球化的背景下，由于族群互动的作用，文化的同质化成为一种常态。同时，由于族群认同和文化认同的需要，文化的异质化也是一种常态。[1] 文化的异质化促成文化的多样性，因此，我们说文化多样性是一种常态。在面对生态环境的时候，不同文化有不同的表现形式，有不同的生存性策略，也有不同的地方性知识。地方性知识蕴含着如何保护生态环境的内容。在成文法惩罚条文形成之前，习惯法对破坏保护生态环境行为的惩戒起着至关重要的作用。

社会化的过程是个体习得并遵循社会行为规范的过程，也就是遵循人

---

[1] 巫达：《变异中的延续：凉山彝族丧葬文化的变迁及其动因》，《民族研究》2017年第2期。

类学意义上"文化"的过程。文化是约定俗成的地方性知识，是通过实践的惯习产生并确定下来的，不是通过文本形式一条一条规定下来的。习惯法往往会成为成文法的重要组成部分，很多国家在制定法律的时候会充分考虑习惯法的因素。一般情况下，制定法律的人会尽可能地遵循当地的地方性知识，考虑特定社会历史背景下的文化因素。因此，法律与文化息息相关，规范社会成员的行为。法律是约束人们行为规范的准则，对做错什么事情、触犯什么条文、需要怎么惩罚、惩罚力度有多大等都有明确的规定，而且有专门的监督、审判和执行的权力机构。凉山彝族社会有半职业化的纠纷调解员"德古"（ddep ggu）来执行习惯法。"德古"往往采用类似"案例法"的方式来判案，即用以前曾经执行过的案例来判案并说服纠纷双方。如果双方不能接受，"德古"往往借助看不见摸不着的神秘的信仰文化来表述，借助"巫术""巫师"等来执行。习惯法与成文法息息相关但又有明确的区别，习惯法是文化的范畴，成文法是法律的范畴。

俗话说"十里不同风，百里不同俗"。这就是说，不同地方有不同的风俗习惯，也就有不同的文化、不同的地方性知识。同理，不同的地方有不同的习惯法。通过不同地区的习惯法的比较研究，可以帮助我们理解不同文化的生态保护意识。中国地大物博，幅员辽阔，自然气候、生态环境南北、东西差异非常大。因此，对于生态保护而言，有不同的地方性知识或文化来对应不同的生态环境。比如说，住在高寒山区的人们对山区的生态环境有独特的地方性知识；住在海边的人们会对海洋的生态环境有特有的地方性知识。同理，在草原地区、丘陵地区、平原地区的不同生态环境下，都有不同的地方性知识与之相适应。从这个角度看，在保护生态环境方面，不同的地方性知识蕴含着不同的习惯法。

凉山彝族社会的家支是具有政治组织性质的社会网络，人们对家支有很大的依赖性。彝族谚语说："猴子依靠森林生存，彝人依靠家支生存。"因此，彝族的习惯法对家支成员之间或姻亲之间的行为约束非常严格，对犯事者的处罚名目繁多，高额赔偿款项往往会使人倾家荡产，惩戒效果非常明显。例如，据摩瑟磁火介绍：

彝族习惯法规定，杀死同一宗族的人，赔偿款项就有：答应调解金、调解金、人命金、悲伤流泪金、除凶金、攘解鬼祟金、背骨灰金、驮骨灰金、包骨灰金、超度送终金、子女抚养金、女儿陪嫁金、配偶金、舅父金、父亲舅父金、祖父金、外祖父金、立誓金、和解金等。若姻亲间的杀人案，则还有兄弟姐妹金、姨表兄弟姐妹金等。①

在日常社会生活中，凉山彝族的习惯法无处不在，很多时候它对国家法律起着重要的补充作用。在很多情况下，由于国家法律的普及程度不同，一些人对于国家法律的相关条文不甚清楚明了，就算有一定的认识，也没有充分的理解。蔡富莲通过一个个案详细介绍了习惯法在维持当地社会秩序的情况：

1990 年，美姑县牛牛坝乡有座通区上的吊桥木板屡遭人偷，使吊桥桥面木板之间的距离太宽，时有人从桥上坠入河中，十分危险。为了过往行人的安全，牛牛坝乡靠近吊桥的村集体出资买了狗和鸡，请民间祭司毕摩在桥边当众将狗、鸡打死，订誓言，发咒语："谁要是再偷一块吊桥木板，谁就像狗和鸡一样死去。"然后，将死狗、死鸡挂在桥头，从桥上过的行人一看这狗尸和鸡尸便知是怎么回事，果然三年当中吊桥木板再未被偷。②

可见在凉山彝族地区，习惯法对于生态环境的保护作用是十分明显的。

三 习惯法与生态环境保护

习近平总书记 2013 年 5 月 24 日在十八届中共中央政治局第八次集体学习时指出："只有实行最严格的制度、最严密的法治，才能为生态文明建设提供可靠保障。"这是高度强调法律对于保护生态环境的作用。民间习惯法对于生态保护也具有非常重要的作用。

很多时候，习惯法借助于信仰文化，把保护生态环境的理念镶嵌在神话传说之中。生态文化的神秘化，使人产生敬畏感而不敢破坏生态环境，从而起到保护生态环境的作用。例如上古神话人物盘古死后其五脏六腑、

---

① 摩瑟磁火：《凉山彝族处理案件的主要方式》，《凉山民族研究》，1997，第 87 页。
② 蔡富莲：《凉山彝族习惯法的研究》，《凉山大学学报》2001 年第 2 期。

身体各部位化成了宇宙万物，这样一来，盘古的身体即宏观意义上的生态环境。南朝梁国人任昉《述异记》：

> 盘古氏，天地万物之祖也，然则生物始于盘古。昔盘古氏之死也，头为四岳，目为日月，脂膏为江海，毛发为草木。秦汉间俗说：盘古氏头为东岳，腹为中岳，左臂为南岳，右臂为北岳，足为西岳。先儒说：盘古氏泣为江河，气为风，声为雷，目瞳为电。古说：盘古氏喜为晴，怒为阴。吴楚闻说：盘古氏夫妻，阴阳之始也。今南海有盘古氏墓，亘三百余里，俗云：后人追葬盘古之魂也。桂林有盘古氏庙，令人祝祀。①

凉山彝族相信山有山神，河有河神，还有灵魂鬼怪存在。人们对森林河流都有虔诚的敬畏之心。彝族著名学者岭光电对此有一段精彩的描写：

> 据呗髦②说上古时代，乐夺、游神、花神、河伯、次平等神，都是从森林中出现的，以后他们分散在森林、玄岩、沼泽、河流、河崖、草坪等地方做神。而森林中就有这些处所，要他们随时到森林中来。总之他们万千年来都常在森林中活动，也习惯于青绿一片的森林。所以呗时（作法事）为适应他们的习性，好使他们休息，向他们念经、祝祷、献牲、祭祀，就用绿枝插个森林般的神座，也用牲血滴在枝上，就是明显的表示。③

四川省凉山彝族自治州甘洛县有一座神山叫德布勒莫山。凉山彝族认为，所有的鬼怪都出自德布勒莫山。德布勒莫山是鬼的都城，是鬼怪生活的中心。整个凉山地区的彝族毕摩在做驱鬼法事的时候，都会面向德布勒莫山。毕摩口中一边念着驱鬼经文，一边用刀背击打公鸡的头并割开鸡嘴。毕摩口中念道："打德布勒莫鬼怪的头"，念毕，把鸡扔向德布勒莫山方向

---

① （南朝梁）任昉：《述异记》，吉林大学出版社，1992年。
② 呗髦即毕摩，现云贵川桂彝族学界已统一使用"毕摩"。
③ 温春来、尔布什哈编《岭光电文集》（中），香港科技大学华南研究中心，2010，第225页。

的门口。鸡头向着门外为吉，可继续下面的仪式程序；如果鸡头不朝向门外，而是朝向屋里其他方向则为失败，毕摩必须重新念经，再次丢掷鸡头直到成功。由于有这样的信仰和传说，人们都不敢轻易进入德布勒莫山，从而使这座山上的森林得以保护下来。传说猎人和猎狗进入德布勒莫山经常神秘消失，一些人听到猎狗"汪汪汪"惨叫几声之后就不见了踪影，很多猎人进入山区之后也没能回来。"文革"期间，德布勒莫山曾经遭到破坏。有人为了砍伐德布勒莫山上茂密的森林，用炸药炸开山路，修建公路。附近的居民劝阻说山上有山神、有鬼，不能随便冒犯，否则会遭到惩罚。可是，一些即使相信有鬼神的人也认为炮火可以把山上的鬼怪吓跑。后来，公路修到山脚下的森林边缘，村民砍伐了一些树木运出山去。笔者采访德布勒莫山附近的村民，问他们如果山上有山神、有鬼，为什么那些人可以进山砍伐森林？有一个老人告诉笔者，不是没有惩罚，是有惩罚的。在他们炸开山路开始砍伐森林以后，近几年山洪就不断发生。山洪就是山神和鬼对人们砍伐森林的惩罚。他说，在洪水暴发的时候，"凡人"能看到一只鸭子一直漂浮在洪水的最前面。洪水往前冲的时候，鸭子就浮在洪水的洪峰往下走。可是一遇到桥梁，鸭子就会走到岸上，从桥上通过，然后下到桥的另一边再进入洪水中随水波往下冲。老人解释说，那只跟着洪水往下冲的鸭子是山神的化身。山神因为不满人类的破坏而随着洪水往山下而去。山神离开了山，以后这个地方就会洪水不断，生态环境会不断遭到破坏，人类就会一直遭受惩罚。笔者访谈的另外一个村民说："你看原来住在山脚下的人都搬到半山腰了，因为以前山脚下和河床两边的平地，现在都被洪水冲走了。洪水也把两边的一些地势比较低的房子冲垮了、冲走了。这就是山神对人破坏森林的惩罚。"

彝族人认为盛夏时期不能到山上的森林里砍树。如果进山砍树，就会惊动山神，触怒山神。触怒山神的后果是山神用冰雹来打击报复人类。人们发现，一旦有人在盛夏时期进入森林砍伐树木，就会引来狂风暴雨和冰雹。严重的时候，冰雹会打坏庄稼、房屋以及砸伤牲畜。他们相信这是进山砍伐树木得罪山神所致。从科学的原理来看，夏季炎热时，在森林上空容易形成冷空气和热空气对流的情况。当冷空气和热空气势力相当，天气变化小，一切正常；而当冷空气和热空气的对流失去平衡时，空气就会凝固成冰雹砸落下来。如果有人去砍伐树木，倒下的大树就会破坏冷热空气的对流状态,从而形成冰雹并对庄稼和人畜产生危害。这样的自然现象,以前人们无法解释,只总结出如果有人盛夏进山砍树就会下冰雹。因此,为了避免冰雹给庄稼带来灾害,禁止在盛夏时期到山上的森林砍树,就成为人们必须遵守的习惯法,这种习惯法在客观上起到了保护森林的作用。

凉山彝族创世史诗《勒俄特依》中描写了很多人类和生态环境之间互动的内容。该书描述远古时天神把梧桐树播种到地界,后来,梧桐树倒下腐烂化作三股雾气升到天空中。不久,三股雾气转化成三场红雪。红雪下到地面之后整整化了九天九夜才化成世间的十二种生物。这十二种生物包括有血的六种动物、没有血的六种植物,称为"雪族十二子"。这个神话强调了人类跟其他动植物一样,是自然界的组成部分。不管是动物还是植物,都与人类有相同的起源背景,"体现出视人与自然为一体,生命平等,不可相害的生态观"[1]。

凉山彝族毕摩念诵《驱鬼经》的时候会请"十二母亲神"来相助。"十二母亲神"中包括"人母",她只是十二个神灵之一。彝族相信,除了"人母"之外,其他众多母亲神灵包括天母、地母、日母、月母、星母、云母、树母、石母、山母、箐母、畜母、兽母、乌母、竹母、草母、水母。《驱鬼经》说"十二母亲神,相聚在一起,来解除病祟"。陆文熙、陆铭宁指出:

> 把各种自然神视为与"人母"地位平等,一样是人类产生发展的根基。正因为这些物质环境条件"相聚"于同一生态系统,人类才能丰衣足食,身体健康,才有"解除病祟"的神力。[2]

这里的逻辑是,人类的母亲与自然界其他动物或植物的母亲是平等的,我们不能伤害自己的母亲,那么,我们也不能伤害动物或植物的"母亲"。在这样的逻辑下,人们对自然界的"索取"就会有限度,就不会滥砍滥伐,造成对生态环境的破坏。对于有70多亿人口的地球母亲来讲,有这样逻辑的文化越多越好,应该让更多的人知道这样的文化。因此,对生态环境有

---

[1] 陆文熙、陆铭宁:《彝族传统文化中的生态理念》,《西南民族大学学报》(人文社科版)2005年第12期。
[2] 陆文熙、陆铭宁:《彝族传统文化中的生态理念》,《西南民族大学学报》(人文社科版)2005年第12期。

保护作用的"正能量"文化和习惯法应加大力度研究,让其发挥更大作用。

四 结语

铸牢中华民族共同体意识包括铸牢中华民族文化共同体意识。充分调查、研究和总结各民族文化中有利于保护生态环境的习惯法,对于宣传和巩固"青山绿水就是金山银山"的理念具有非常重要的现实意义。习近平总书记在主持十八届中共中央政治局第四十一次集体学习时,发表了《推动形成绿色发展方式和生活方式》的重要讲话,指出:"正确处理经济发展和生态环境保护的关系,像保护眼睛一样保护生态环境,像对待生命一样对待生态环境,坚决摒弃损害甚至破坏生态环境的发展模式,坚决摒弃以牺牲生态环境换取一时一地经济增长的做法,让良好生态环境成为人民生活的增长点,成为经济社会持续健康发展的支撑点,成为展现我国良好形象的发力点,让中华大地天更蓝、山更绿、水更清、环境更优美。"

中华民族文化也是世界文化的重要组成部分。在全人类共同的地球母亲面前,在我们共同的"地球村"里,我们同属于人类命运共同体。只要有利于保护生态环境的习惯法都是值得尊重并推广宣传的。约翰·博德利指出:

> 人类正面临生态恶化、贫困和冲突等全球危机……从人类学视角来看,许多社会和文化变迁是由个体主导的,他们使用文化工具增加个人权力的范围和规模,可以断定全球危机是无意识的后果。[①]

当今世界文化多样性是常态,文化多样性意味着习惯法的多样性,习惯法的多样性意味着对生态环境保护方式方法的多样性。我们在研究具体文化时,要清楚其中的习惯法如何保护生态环境,习惯法如何与国家的成文法相关联。对不同文化关于生态环境保护的习惯法加以研究和挖掘,寻找多种形式、多种方法保护生态环境有着重要的现实意义。对生态环境保护方式方法加以研究并付诸实践是构建人类命运共同体的重要内容。

[①] 〔美〕约翰·博德利:《人类学与当代人类问题》,周云水、史济纯、何小荣译,北京大学出版社,2010,第3页。

FPIC 原则、世居民族与可持续水电

周 勇[*]

摘 要：中国的水电开发从原先靠近工业发达的东中部地区扩展到最具生态和文化多样性的藏彝走廊和青藏高原。"西电东送"的跨越式开发导致开发地世居民族与公司和政府在资源开发利用和移民等方面的各种利益纷争和诉求，这一新的态势催生着水电开发可持续治理机制的完善。实践可持续发展理念的关键在于治理，而治理的核心在于从整体观来平衡经济发展、环境保护和社会公正之间的关系，依据具有正当性的法律规范，达成各利益攸关方之间通过平等协商的合作。FPIC 原则，即自由（free）、事先（prior）、知情（informed）、同意（consent）原则就是这样一项规范，它基于联合国几项最重要的国际人权公约和新近达成的关于世居民族权利的共识。中国对于该原则的制度化负有法律义务。根据这一原则，本文提出中国水电开发可持续治理制度创新的主要思路，而具体实施这些制度规范则亟待进一步实践和研究。

关键词：FPIC 原则 世居民族 水电开发 可持续治理

一 导论

自 1980 年代以来，中国的水电开发一路西向拓展，从原先靠近工业化发达的东中部地区扩展到最具生态和文化多样性的藏彝走廊和青藏高原，水电装机容量从 1980 年代的 1000 万千瓦左右，跃升为目前 3 亿千瓦以上。

---

[*] 周勇，法学博士，挪威奥斯陆大学法学院中国法研究项目主任、研究员，北欧中国法律研究所所长。

2018年，中国水电的装机容量和年发电量领跑全球，均居世界第一。① 这种"西电东送"的跨越式开发，也导致了开发地世居民族与公司和政府在资源开发利用以及移民等方面的各种纷争，并持续引发了公众对信息公开、决策透明、参与监督、政府依法行政、公司履行环评和企业社会责任的诉求，进而产生了环保公益诉讼。这些新的态势催生着河流水资源可持续治理机制的建立和完善。这里一个长期被忽视的问题就是如何正当保护水电开发中受到不利影响的世居民族的利益。

实践可持续发展理念的关键在于治理，而治理的核心在于从整体观来平衡经济发展、环境保护和社会公正之间的关系，依据具有正当性的法律规范，达成各利益攸关方的平等协商和合作。这里一个基本共识是：任何促进经济繁荣发展的措施，都应当在"地球的边界"（Planetary Boundaries）② 和"社会的边界"之内进行。突破"地球的边界"的一切行为都会引发不可逆转的生态灾难，而罔顾深刻反思两次世界大战造成的社会劫难才划定的基本人权的"社会的边界"，也就丧失了维护和平和社会正义的底线。具体到当下世居民族家园的水电开发，国家的各种规划和项目的制订和实施，都应当充分认识到文化多样性与生物多样性之间的关联，尽责调查开发规划或项目实施可能导致的对生物多样性和生态系统的破坏，尊重世居民族对土地山川的信仰和传统知识体系，通过正当的协商程序并采取有效的措施尽量避免或减少对世居民族传统生活方式和文化自由的侵害。

但是，水电开发的利益攸关方具有各自的目标，如何才能约束拥有强大的权力与资本的国家和开发公司在上述的两个"边界"内活动？如何才能使作为主要利益攸关方的世居民族自由表达其神山圣湖的信仰、语言的使用传承、土地山林草场的习惯使用权利、搬迁补偿以及未来生计方式等利益诉求，从而与国家和开发公司进行平等的协商？因此，要将可持续治理的理念制度化，其前提就是设定一项平衡不同利益攸关方的不平等权力关系的程序规范。FPIC 原则，即自由（free）、事先（prior）、知情（informed）、同意（consent）是一项重要规则。

---

① 范思立：《中国水电装机容量和年发电量均居世界第一》，http：//jjsb.cet.com.cn/show_503189.htm，《中国经济时报》2018 年 9 月 27 日。
② Johan Rockström et al., "A Safe Operating Space for Humanity", *Nature* Volume 461, pp. 472-475 (2009).

20多年前，世界水坝委员会（WCD）在对全球125个水坝项目的研究后指出：过去几十年的大坝修建活动对开发地的生态环境和社区（特别是具有文化特殊性的原住民或部落民群体）的经济社会生活和精神存在都造成极大的负面影响。① 该报告建议依据 FPIC 原则来建构水电开发者与当地世居民族协商谈判的程序机制。《联合国土著人民权利宣言》（以下简称《2007年宣言》）② 对 FPIC 原则作了迄今为止最全面综合的规范，并在此后的十多年里为联合国主要的国际机构和条约组织所实践，一些重要的国际金融机构如世界银行等依此原则改进了其相关导则，该原则也引发了国内、国际一些新的相关立法、条款解释和司法活动的进展。

FPIC 原则在中国具体实施的障碍和可能是一个亟待深入研究的新课题。本文通过观察当下中国水电开发在世居民族地区引发的冲突和相关规范的制度化问题分析，扼要梳理关于该原则的多种法律渊源和富有歧义的解释，并提出依据该原则完善水电开发可持续治理可能的制度创新思路。

二　世居民族地方水电开发的新挑战

河流不仅是水流输运的管道，而且是生态系统的一部分，也是其上下游、左右岸和整个流域社会文化系统的一部分。河流是经济的，具有航运、捕鱼、灌溉、发电等商业价值；河流又是生态的，它是水生动植物的家园和通道，水质水温的变化影响到整体的食物链、食品饮水安全和生物多样性；河流也是文化的，它与地方社会或世居民族的宗教信仰和生命的意义紧密相连；河流还是社会的或政治的，它涉及自然资源的管理制度，以及与其相关的国家政权建设或国家安全。水电开发的规划和项目实施在利用水能的同时也改变了河流的其他功能属性，涉及诸多相关方面既有利益的重新调整。

水电开发依其不同的利益和目标诉求主要可以分为四类相关利益方：国家、公司、受开发影响的当地社区（世居民族）、捍卫生态伦理和表达公民社会利益的非政府组织。简言之，国家有民生改善、经济增长、能源安

---

① 世界水坝委员会：《水坝与发展：一个新的决策框架》，Earthscan Publications Ltd, 2000, 第110页。
② https://www.un.org/development/desa/indigenouspeoples/wp-content/uploads/sites/19/2019/06/UN-Declaration-Rights-of-Indigenous-Peoples_DGC-WEB-CH.pdf.

全、政权建设以及生态环境保护等多重目标；公司以市场为导向，从技术和经济角度筹划投入和利润产出；代表公民社会利益的非政府组织期望参与公共政策的讨论和监督法律的实施。在这四者当中受开发活动直接影响最大的是资源开发地的世居民族，水电开发所影响的不仅是生态的自然，还是文化的自然。水电开发活动不仅可能摧毁世居民族传统生活方式赖以存续的物质基础，破坏生态系统所提供的各种食物、健康、社会文化节庆活动的各种服务，还会对世居民族与其生活的自然环境所具有的特殊的精神联系和信仰造成伤害。例如藏彝走廊水电开发有关康区木格措圣湖以及彝族祖灵山的纷争。① 此外，世居民族还常常处于非自愿移民的境地，严重影响其社会文化的可持续发展。② "十二五"期间（2011~2015年），中国在西南地区发源于青藏高原的几条大河如怒江（萨尔温江）、澜沧江（湄公河）和雅鲁藏布江（布拉马普特拉河）流域"积极推进水电开发项目"③，根据官方规划统计，中国西南地区因新建水电站的移民安置人口预估达到40万。④ "十三五"期间（2016~2020年）规划开发的一些大型水电项目主要位于世居民族聚居的青藏高原和藏彝走廊，具体就藏东南"三江"流域的进展看，2018年金沙江上游苏洼龙、叶巴滩、巴塘水电站已开工建设，计划到2020年开工的还有拉哇、岗托、波罗、昌波水电站。该地的电力依据协议将外送河北。⑤ 澜沧江上游班达、如美、古学、曲孜卡水电站项目前期工作正加快推进。怒江上游水电规划已经完成河流水电规划报告和流域环评，并开展了同卡、怒江桥、罗拉、俄米、松塔水电站项目前期工作。⑥ 此外，云南、四川等藏彝走廊区域的水电开发近年来一直以"跨越式发展"

---

① 有关木格措湖建坝纷争有《中国青年报》《南华早报》的一系列报道。英文报告参见 Tashi Tsering, Megoe Tso: The Damming of Tibet's Sacred Lake, http://www.tibetjustice.org/reports/enviro/megoetso.pdf。
② 相关的调查参见于晓刚、周勇、马尔子《水电开发与世居民族权利保障：雅砻江考查述要》，《凉山民族研究》，2013，第14~53页。
③ 杨仕省：《搁浅十年未批，开发却一直在进行 怒江水电"复活"背后推手》，http://www.chinatimes.net.cn/article/56553.html，《华夏时报》2016年5月6日。
④ 国家能源局：《水电发展"十二五"规划》，2012。
⑤ 依据西藏自治区、河北省政府、华electric集团《关于金沙江上游藏川段水电送冀战略合作协议》。
⑥ 西藏自治区发展和改革委员会对自治区十一届人大一次会议第076号（C类9号）建议的答复，2018年8月1日。西藏自治区发展和改革委员会文件藏发改办案字〔2018〕26号。

的方式推进，估计移民和受影响的人数可能超过百万。①

任何一个水电开发的规划和项目都是对现有利益格局的打破和重新再分配。这种规划开发的"权衡利弊"过程，就是重新界定和分配各利益攸关方现有利益的过程，涉及实体的和程序的权利问题。如果其规划和项目的确立不是通过一个各主要利益方都平等参与自由表达和诚意协商的机制达成，就必然带来各利益方关系的紧张和纷争冲突。因此，以可持续发展理念为基础的"新合作关系"的良政善治，其前提条件就是要建立一个各利益攸关方参与协商的尊重各方合法权利的正当程序机制。

我国《宪法》规定了少数民族有使用和发展自己的语言文字的自由，有保持和改革自己的风俗习惯的自由，以及民族区域自治的权利。《民族区域自治法》第65条规定，在民族区域自治地方进行自然资源开发时，国家有义务：（1）照顾民族自治地方的利益；（2）作出有利于民族自治地方经济建设的安排；（3）照顾当地少数民族的生产和生活；（4）在将自然资源出口到自治区以外时，国家应给予一定的补偿。与此同时，《民族区域自治法》第28条规定，民族自治地方的自治机关有权对本地区的自然资源实行"优先合理开发利用"的原则。②但是，上述法律规范对实行区域自治的民族对使用森林、草场、土地、河流等自然资源，保持其传统的生产生活方式的群体权利，一直没有具体清晰的界定。而水电开发过程中对土地、河流等自然资源的开发使用，不仅影响环境，而且对世居民族传统经济生活的物质基础、风俗习惯和宗教信仰产生极大的影响。

在梳理分析有关水电开发的数十份规范文件中，移民安置的规范性文件中仅有一条相关的原则性规定，即"编制移民安置规划应当尊重少数民族的生产、生活方式和风俗习惯"（《大中型水利水电工程建设征地补偿和移民安置条例》第11条）。但是，这一要求又如何具体体现在安置方案和相关技术规范中？如果没有遵行，会有怎样的法律救济？"以人为本"的发展、"自主性发展"、"可持续发展"等这些原则需要转换成可操作的法律规

---

① 由于水电开发规划的不透明，在全部水电移民中世居民族移民安置的具体人数统计不详。但是有学者作出的估算可供参考。参见贾仲益、张海洋编《和在多赢》，中央民族大学出版社，2009。

② 该原则同时必须遵循以下三个条件：法律规定；国家的统一规划；对可以由本地方开发的自然资源。

范方能实现其目标。而现有的法律规范难以平衡民族自治地方水电"跨越式发展"过程中的利益冲突。①

可持续发展目标的达成有赖于多方合作的治理，这种治理活动依据的多元法律框架体系主要由国际法、国内法和民间法这三个层面的规范构成。可持续发展的原则只有在这一彼此竞争或互补的多元互动的规范体系中"制度化"才有可能实现其目标。因此，仅有可持续发展的目标和原则的设定是不够的，可持续发展法律的实施有赖于一套制度化的自由协商程序规范来平衡权力上不平等的各利益攸关方相互冲突的利益关系。FPIC 原则的提出就是因应了这种需求。

三 FPIC 原则的性质和渊源

联合国《2007 年宣言》规定的 FPIC 原则其性质是一项群体权利而不是个人权利，其兼有公法和私法的权利渊源，以及程序法和实体法方面的内容。从公法上讲，它与自决权相联系，特别注重群体对其土地和自然资源的控制。这一规范的历史渊源是与长期以来对土著人民的种族歧视，认为他们原始、野蛮、劣等，没有能力拥有土地并决定自己的未来的历史语境和社会实践相联系的。从私法上讲，尊重其土地等自然资源的财产权，特别是习惯法上历时久远地持续使用土地和其他自然资源的权利也是该原则的一块基石。此外，该原则还在实体法上维护世居民族的文化自尊和文化自由，在程序法上有可能纠正土著人民与国家之间的权力不平衡，以便在各利益方之间建立基于权利和相互尊重的"新伙伴关系"②。

在国际法上，有关 FPIC 原则的演化从国际劳工组织的公约算起已有近 50 年的历史。联合国消除种族歧视委员会在《2007 年宣言》通过的 10 年前就确立了这一规范，以否定种族歧视的错误理论和制度安排。③

与 FPIC 原则有关的联合国条约机构负责监督实施的主要规范条款和案例依编年简要列表如下（见表 1）。

---

① "跨越式发展"专门用于描述少数民族地区的加快经济发展，以实现经济发展目标。
② 参见 A/HRC/EMRIP/2010/2。
③ 联合国消除种族歧视委员会 1997 年《第 23 号一般性建议：土著人民权利》。

表 1

规范文件和组织	条款和案例
国际劳工组织 1957 年《土著和部落人口公约》（第 107 号公约）；1989 年《土著和部落民族公约》（第 169 号公约）	第 12 条第 1 项 第 16 条第 2 项
1992 年《生物多样性公约》	第 8 条（j）款
1997 年消除种族歧视委员会《第 23 号一般性建议：土著人民权利》	第 5 项
2007 年《联合国土著人民权利宣言》（《2007 年宣言》）	第 10 条、第 11 条第 2 项、第 19 条、第 28 条第 1 项、第 29 条第 2 项、第 32 条第 2 项
2009 年经济、社会及文化权利委员会《第 21 号一般性意见》：人人有权参加文化生活（《经济、社会、文化权利公约》第 15 条第 1 款（甲）项）	第二段 E 节第 36 和 37 项
2009 年人权事务委员会《公民权利和政治权利国际公约》	第 27 条案例　安吉拉 普马 普马诉秘鲁①

　　国际劳工组织在 1957 年《土著和部落人口公约》（第 107 号公约）中首次在有关搬迁土著人民的事务上明确要求获得"同意"的要件，但列举了 3 项例外情况，即依据国家法律涉及国家安全、为了国家经济发展的利益或该群体的健康时除外。② 1989 年通过的《土著和部落民族公约》（第 169 号公约）承继这项规定，但强调其"作为一项非常措施"，且删除了前列的 3 项例外，条款为："除非符合本条下列各款规定，有关民族不得被从其所居住的土地上迁走。"③ 但"当这些民族的迁离作为一项非常措施被认为是必要的情况下，只有在他们自主并明确地表示同意之后，才能要求他们迁离；如果得不到有关民族的同意，则只有在履行了国家立法和规章所规定的程序之后，才能提出这一要求。在适当的时候，上述程序中可以包括公众调查，以便为有关民族能充分地陈述其意见提供机会"④。其条款并没有

---

① Angela Poma Poma V. Peru, Communication No. 1457/2006, CCPR/C/95/D/1457/2006.
② 国际劳工组织 1957 年《土著和部落人口公约》第 12 条第 1 项。
③ 国际劳工组织 1989 年《土著和部落民族公约》第 16 条第 1 项。
④ 国际劳工组织 1989 年《土著和部落民族公约》第 16 条第 2 项。

将 FPIC 原则的四要素作为一个整体。在该公约涉及发展、自然资源管理的咨商或参与决策的权利时,尽管有诸如"有权决定自身发展进程的优先顺序"等条款规定,但 FPIC 原则体现得并不明显。①

1992 年《生物多样性公约》就获取或使用土著人民的传统知识方面有类似规定,即要求每一缔约国应尽可能并酌情"依照国家立法,尊重、保存和维持土著及地方社区体现传统生活方式而与生物多样性的保护和持久使用相关的知识、创新和做法并促进其广泛应用,由此等知识、创新和做法的拥有者认可和参与其事并鼓励公平地分享因利用此等知识、创新和做法而获得的惠益"②。这里的公约条款并没有用传统知识持有者的"同意",其措辞是"认可和参与其事"(approval and involvement)。因此也存在含糊之处。③ 在此后的实施过程中,成员国大会就该条款与 FPIC 原则的关联实施达成一项自愿性导则。④

1997 年消除种族歧视委员会《第 23 号一般性建议:土著人民权利》明确提出土地资源管理与 FPIC 原则的相关权利:"委员会特别吁请缔约国承认并保护土著人民拥有、开展、控制和使用自己部族的土地、领土和资源的权利,并且,如果没有征得他们的自由知情同意而剥夺他们传统上拥有或以其他方式居住或使用的土地和领土,则必须采取措施归还这些土地和领土。只有在基于事实不可能做到这一点时,才能以获得公正、公平和迅速赔偿的权利取代恢复原状的权利。此种赔偿应尽可能采取土地和领土的形式。"⑤

《2007 年宣言》明确了上述规定,且拓展了适用事项。《2007 年宣言》有六处就该原则作出规定⑥,即在以下六种情况下,各国有义务确保从土著

---

① 国际劳工组织 1989 年《土著和部落民族公约》第 7 条第 1 项:"有关民族有权决定自身发展进程的优先顺序,因为这将影响到他们的生活、信仰、制度与精神福利和他们占有或使用的土地,并有权在可能的范围内对其经济、社会和文化发展行使管理。此外,他们还应参与对其可能产生直接影响的国家和地区发展计划与方案的制订、实施和评价。"
② 《生物多样性公约》第 8 条(j)款,https://www.un.org/zh/documents/treaty/files/cbd.shtml。
③ 联合国粮食及农业组织发布的项目执行人员手册中认为该公约明确规定了 FPIC 原则。
④ CBD/COP/DEC/XIII/18。
⑤ A/52/18, annex V.
⑥ 《2007 年宣言》第 30 条规定:"不得在土著人民的土地或领土上进行军事活动,除非是基于相关公共利益,或经有关土著人民自由同意,或应其要求这样做。"这里因为没有"事先知情"的要素,所以没有计入。

民族事先获得自由知情同意：（1）人口迁移①；（2）拿走其文化、知识、宗教和精神财产②；（3）通过和执行法律或行政措施之前③；（4）没收、拿走、占有、使用或损坏其土地、领土和资源④；（5）在其土地或领土上存放或处置危险物质⑤；（6）在开展影响其土地或领地和其他资源的任何项目之前，特别是与矿物、水或其他资源的开发、利用或开采有关的项目。⑥ 这里与水电开发最相关的有四项，其具体规定是：

➢ 不得强迫土著人民迁离其土地或领土。如果未事先获得有关土著人民的自由知情同意和商定公正、公平的赔偿，并在可能时提供返回的选择，则不得进行迁离。（第10条）

➢ 各国在通过和实行可能影响到土著人民的立法或行政措施前，应本着诚意，通过土著人民自己的代表机构，与有关的土著人民协商和合作，事先征得他们的自由知情同意。（第19条）

➢ 土著人民传统上拥有或以其他方式占有或使用的土地、领土和资源，未事先获得他们自由知情同意而被没收、拿走、占有、使用或损坏的，有权获得补偿，方式可包括归还原物，或在不可能这样做时，获得公正、公平、合理的赔偿。（第28条第12项）

➢ 各国在批准任何影响到土著人民土地或领土和其他资源的项目，特别是开发、利用或开采矿物、水或其他资源的项目前，应本着诚意，通过有关的土著人民自己的代表机构，与土著人民协商和合作，征得他们的自由知情同意。（第32条第2项）

联合国《公民权利和政治权利国际公约》和《经济、社会及文化权利国际公约》提供的一套具有普遍性的、相互依存且不可分割的权利体系是FPIC原则的规范基础。FPIC原则是两公约第1条自决权原则的程序化和具

---

① 《2007年宣言》第10条。
② 同上，第11条。
③ 同上，第19条。
④ 同上，第28条。
⑤ 同上，第29条。
⑥ 同上，第32条。

体化。此外，2009 年人权事务委员会在审议《公民权利和政治权利国际公约》第 27 条的相关申诉时具体适用了这一规范，发展了 FPIC 的案例法。[1] 同年，经济、社会及文化权利委员会就《经济、社会及文化权利国际公约》第 15 条第 1 款（甲）项作出《第 21 号一般性意见》[2] 指出：土著人民有权采取集体行动，确保其维持、控制、保护和开发文化遗产、传统知识和传统文化表达方式，以及科学、技术和文化表现形式——包括人类和基因资源、种子、医药、动植物性质的知识、口头传统、文学、设计、体育和传统比赛、视觉和表演艺术——的权利得到尊重。缔约国在所有涉及土著人民特殊权利的问题上应尊重土著人民自由、事先、知情、同意的原则。[3] 缔约国必须采取措施，承认和保护土著人民拥有、开发、控制和使用其公社土地、领土和资源的权利，并且，如果以上未经他们的自由和知情的同意而被以其他方式居住或使用，则应采取步骤归还。[4]

除了以上具有法律效力的规范条款以外，还有一些经由联合国倡导的具有广泛影响力的组织机构颁发的自愿性导则也有相关规范。例如《全球契约》（2000 年）[5] 和《工商企业与人权：实施联合国"保护、尊重和补救"框架指导原则》（2011 年）。[6] 依据《全球契约》，企业承诺在其管理、战略、文化和日常运作的活动中，遵循在人权、劳工、环境和反腐败方面普遍接受的十项原则，并在其年度报告或其他类似的公开报告（如可持续性报告）中说明其实施各项原则的方法和进展情况。[7] 2013 年，全球契约组织在第二届联合国工商业与人权论坛上发布了《联合国土著人民权利宣言商业参考指南》[8]，2015 年又以具体案例提供了该指南的《实用补充》（2015）[9]，旨

---

[1] 例如 Ángela Poma Poma V. Peru, Communication No. 1457/2006, CCPR/C/95/D/1457/2006。
[2] E/C. 12/GC/21。
[3] 同上，第二段 E 节第 37 项。
[4] 同上，第二段 E 节第 36 项。
[5] https：//www.unglobalcompact.org/《全球契约》中文版，http：//www.gcchina.org.cn/download/674_1_1326984563.pdf.
[6] https：//www.business-humanrights.org/sites/default/files/media/documents/ruggie/ruggie-guiding-principles-chinese-21-mar-2011.pdf.
[7] http：//www.gcchina.org.cn/view.php？id=674.
[8] The Business Reference Guide to the UN Declaration on the Rights of Indigenous Peoples, 2013, https：//www.unglobalcompact.org/library/541.
[9] https：//www.unglobalcompact.org/docs/issues_doc/human_rights/IndigenousPeoples/Case_Examples.pdf.

在为增进工商界尊重土著人民的权利提供切实可操作的建议。《全球契约》还特别就 FPIC 原则的实践提供了导则。① 全球有 160 多个国家的近万家企业加入自愿努力践行其原则②，在中国响应这一倡议的央企中，与水电有关的企业包括国家电网、大唐、华能、华电等。③

FPIC 原则还促使一些国际金融组织如亚投行和世界银行等采纳或修改了其相关的环境社会发展导则。世界银行的评估和管控其贷款项目的环境与社会影响政策一直被视为多边开发银行的标杆。2016 年 8 月，世界银行通过了新的《环境与社会保障政策框架》，于 2018 年正式付诸实施。④ 该框架加强了可持续发展与其贷款项目对人民与环境的保护，并规定了要求获得自由、事先和知情同意的具体范围，⑤ 这是世行在其原先拒斥这一原则的政策基础上迈出的实质性的一步。

依据《环境和社会标准 7：原住民/撒哈拉以南非洲长期服务不足的传统地方社区》，世行对于"土著人民"采取了灵活包容的界定，其对这一术语的解释为：由于不同国家对该群体有不同的术语，该标准适用于下列所有群体："撒哈拉以南非洲长期服务不足的传统地方社区""土著少数民族""原住民""高山部落""弱势和边缘化群体""少数民族""固定部落""最初定居者"或"部落群"⑥。这些群体是在不同程度上拥有以下特质的独特社会和文化群体：（a）自我认定的且得到他人认可的独特土著社会群体或文化群体的成员；（b）集体依附于地理上独特的定居地、传统领地、季节性使用或居住的地区，以及这些区域内的自然资源；（c）有别于或分隔于主流社会或文化的习惯性文化、经济、社会或政治制度；（d）拥有独特语言或方言，通常与官方语言或他们居住的国家或地区的语言不同。

尽管在法律概念上，"土著人民"与中国国内法律术语有所不同，但是

---

① Indigenous Peoples' Rights and the Role of Free, Prior and Informed Consent, http://solutions-network.org/site-fpic/files/2012/09/FPIC_Indigenous_Peoples_UN-global-compact.pdf.
② https://www.unglobalcompact.org/.
③ 参见全球契约中国网，http://www.gcchina.org.cn/view.php?id=674。
④ http://www.worldbank.org/en/projects-operations/environmental-and-social-framework.
⑤ 《环境和社会标准 7》，第 79 页，http://pubdocs.worldbank.org/en/714941526486376076/Environmental-Social-Framework-chinese.pdf#page=75&zoom=80。
⑥ 《环境和社会标准 7》，第 75 页，http://pubdocs.worldbank.org/en/714941526486376076/Environmental-Social-Framework-chinese.pdf#page=75&zoom=80。

在具体实践中，中国在世行、亚洲发展银行等贷款项目的"少数民族社会影响评估"和发展规划已经将相关规范运用于个案之中。中国政策、法律术语中的少数民族、世居民族等与国际法等规范文件中的术语尽管不同，但是具有相关性。

四　FPIC原则要素与可持续水电治理的制度创新

近年来，可持续水电的评估标准和治理方式有了特别重要的发展。2021年9月24日世界水电大会发布了《关于可持续水电的圣何塞宣言》，提出可持续水电作为应对气候变化危机的现代和负担得起的解决方案。[①] 在2021年底格拉斯哥举办的第26届联合国气候变化大会上，国际水电协会呼吁全球政策制定者紧急扩大对水电的投资，以实现控制气候变化的目标。但是，水电开发的不同利益攸关方对于如何认识和评估水电的可持续性仍然存在分歧。

从现有的实践看，与可持续水电评估相关的标准有许多种。例如瑞士联邦水科学与技术研究所（EAWAG）的绿色水电认证、世界银行关于水电的指导性规范、欧洲复兴银行（EBRD）关于可持续能源的标准以及国际能源署（IEA）关于水电的实施协议等。在这一领域最具影响力的还是国际水电协会（IHA）自2008年以来不断完善的一套水电可持续性评估工具（The Hydropower Sustainability Tools），[②] 主要包括国际行业良好实践的水电可持续性指南（Hydropower Sustainability Guidelines on Good International Industry Practice）、水电可持续性ESG差距分析工具（Hydropower Sustainability ESG Gap Analysis Tool，简称HESG）、水电可持续性评估协议（Hydropower Sustainability Assessment Protocol，简称HSAP）等。HSAP提供了一套指导和衡量水电项目实践可持续性评估的标准。[③] 它将具体的水电项目分成早期规划和准备到实施建设和运营四个阶段，并对各阶段可能产生的经济环境和社会问题进行分析评估。在此基础上，水电可持续性理事会（Hydropower Sustainability Council）[④] 在2021年提出了涵盖水电项目全过程的12个经济

[①] https://declaration.hydropower.org.
[②] https://www.hydropower.org/resources/tools.
[③] https://www.hydropower.org/publications/hydropower-sustainability-assessment-protocol.
[④] https://www.hydrosustainability.org/hs-council.

环境和社会治理问题的可持续性标准，并启动了依据这些标准对水电项目的可持续性认证制度。① 中国领先的水电集团公司是国际水电协会的成员，也积极支持这项创议。② 可持续性的水电治理对于中国未来 40 年的绿色能源转型至关重要。

水电可持续性理事会在起草其标准文件时，最难以达成共识的就是关于 FPIC 原则的规范化。在其 2018 年版的评估标准发布后，该理事会专门成立了"水电可持续发展的自由、事先和知情同意"工作组，就水电行业中实践这一原则的好的经验进行审查和总结，并在 2020 年补充了实施 FPIC 原则的指南。依据这一指南，水电开发方需要证明其与世居民族践行了遵循 FPIC 原则要素的正当程序活动，并按照"相称性原则"（principle of proportionality）衡量这些行为活动手段和目标之间的关系。③ 与此同时，指南还规定了相关"基于诚信的咨商"举措。④ 这一新近的发展，为国际水电行业尊重 FPIC 原则、迈向可持续的水电治理提供了具体的实践评估规范。2022 年联合国第 21 届土著问题常设论坛就如何在工商业活动中适用 FPIC 原则作为主题之一进行了深入的探讨。⑤

有关这一原则四要素的阐释，有三份重要的文件有助于具体讨论其适用中的问题，即 2005 年联合国组织关于该原则的国际研讨会报告，联合国发展群体（UNDG）2008 年向各相关机构的阐释，以及土著人民权利专家机制在 2018 年 8 月向联合国人权理事会提交的关于自由、事先、知情、同意的研究报告和建议。⑥ 最后这份报告总结了《2007 年宣言》通过后 10 多年来的各种倡导和实践，并就该项原则的规范要素作出阐释，兹概要总结如表 2。

---

① https://www.hydropower.org/sustainability-standard.
② Liu, J., Zuo, J., Sun, Z., Zillante, G., Chen, X. Sustainability in hydropower development-a case study. Renew Sustain Energy Rev 2013; 19: 230–7. http://dx.doi.org/10.1016/j.rser.2012.11.036.
③ The Protocol p. 83, https://static1.squarespace.com/static/5c1978d3ee1759dc44fbd8ba/t/5eb3e949d47d2945368419dc/1588848975609/Hydropower+Sustainability+Assessment+Protocol+07-05-20.pdf.
④ The Protocol p. 82, https://static1.squarespace.com/static/5c1978d3ee1759dc44fbd8ba/t/5eb3e949d47d2945368419dc/1588848975609/Hydropower+Sustainability+Assessment+Protocol+07-05-20.pdf.
⑤ https://www.un.org/development/desa/indigenouspeoples/news/2022/04/21st-pfii-2022/.
⑥ A/HRC/39/62 https://documents-dds-ny.un.org/doc/UNDOC/GEN/G18/245/93/PDF/G1824593.pdf?OpenElement.

表 2

规范要素	规范内容
自由	（1）整个协商过程的情境无操纵、骚扰或胁迫；（2）协商各方之间的关系诚实、信任，而非猜疑、指责、偏见或暴力；（3）自主代表；（4）自主协商；（5）自由设定其协商预期的时间、地点、方法和评价
事先	（1）协商和参与应在构想和设计阶段，而不是有关项目的后期阶段；（2）尊重有关当事社区依据他们的节奏理解和分析信息和决策的时间
知情	（1）信息在数量和质量上的客观性和完整性；（2）考虑信息受众的理解力和语言，使用文化上适当的方式提供信息；（3）提供充分的资源，克服能力上的技术性障碍，包括告知当事社区拥有的各项权利的信息
同意	（1）基于上述三要素的同意；（2）当事社区表示不同意的情况主要是：①通过评估认为该提案不符合其最重要的利益；②由于协商过程中程序的瑕疵，未能满足上述三要素的要求；③表达一种正当的不信任感；（3）同意的持续性

有鉴于 FPIC 原则所形成的规范共识和实践，结合中国水电开发可持续治理面临的新挑战，本文提出进一步完善立法和改进实践的以下几个思路。

首先，FPIC 原则是一项群体权利，即该权利的主体是一个群体而不是个人。[1] 依据这一原则，国家、开发公司或其他第三方与世居民族进行协商时应"通过他们自己的代表机构"[2] 和"按照他们自己的程序"[3]。在中国的制度语境中，如何界定这一"群体"的界限以及如何确定该"群体"恰当的"自己的"代表机构是需要进行认真辨析的。[4] 国家有义务在不损害其独立性的前提下提供帮助，鼓励受到影响的世居民族群体依据自己的意愿和程序，组织形成群体意志和行使群体权利的代表机构。这种机构的存在是该原则得以遵循的前提条件。

其次，国家应当明确在制定水电开发规划和实施具体项目的过程中都需要依据该原则与相关世居民族群体进行协商。相关世居民族群体的范围界定应当依据开发规划和实施具体项目可能的影响。这意味着如果规划是

---

[1] Siegfried Weissner:《土著人民的权利和地位：全球比较和国际法律分析》，《哈佛人权杂志》1999 年第 12 卷。
[2] 《2007 年宣言》第 19、32 条。
[3] 《2007 年宣言》第 18 条。
[4] 对"民族区域自治"作为一种群体权利问题的辨析，参见周勇《探究中国"区域自治"和"民族自治"结合之路》，载王铁志、沙伯力编《国际视野中的民族区域自治》，民族出版社，2002，第 161~178 页。

关于一个流域的，则其范围就应当是对应该流域的相关世居民族的各地方社会群体。要达到这种协商的有效性，这些相关世居民族的各地方社会群体应当在一开始为制定开发规划而进行流域的环境和社会影响评估时就参与其中。

再次，FPIC 原则中的同意是过程性的，为确保处于弱势的世居民族群体能够与拥有不平衡权力的国家和水电开发公司之间进行有意义的自由协商，同意的表达不是一次性的，它贯穿整个开发规划或项目实施的过程，并需设立有效的监督机制，以确保各方行为是遵循约定的条款进行，且结果也符合先前协商时的预期。

又次，尊重世居民族的文化权利、维护和增进一个文化多样化的世界，对于生物多样性的保护和构建世居民族与国家之间的新的合作关系至关重要。在立法上，中国应当考虑在《环境影响评价法》的基础上完善包含社会文化影响的综合性评价规范框架体系。在规范制定方面可以参照执行《生物多样性公约》第 8（j）条提出的《阿格维古导则》（Akwé: Kon Guidelines）[1]，具体理解工程项目对世居民族文化和生态环境的影响，为进行基于诚信的协商和同意程序提供沟通互信的知识基础。对于涉及搬迁世居民族的规划和项目，从 FPIC 原则的广泛性适用和明确认同方面看，其已经成为国际习惯法规范，联合国经济、社会及文化权利委员会在对中国实施《经济、社会、文化权利公约》的报告审议中，已经就世居民族搬迁事项明确要求依据该原则采取相关措施。[2]

最后，这一原则实施的可靠保障是存在有效的法律救济机制，能够对违法人令行禁止，并责成其采取恢复原状、赔偿损失等措施。对于业已搬迁的世居民族群体，应当尽可能保障他们返回家园的权利。

五 结语

一百多年以来的水电开发，可以大致分为三个阶段。第一阶段是水电技术的运用对于许多国家工业化的开启和助力发展起到关键性作用，特别

---

[1] Akwé: Kon Guidelines, https://www.cbd.int/doc/publications/akwe-brochure-en.pdf.
[2] Committee on Economic, Social and Cultural Rights, Concluding Observations on the Second Periodic Report of China, including Hong Kong, China, and Macao, China, E/C.12/CHN/CO/2, Para. 31. 2014.

是第二次世界大战结束以后，水电的大发展为经济的增长和繁荣提供了重要能源。但是，水电项目对生态环境的负面影响同时也渐渐地被发现和认识，以生态环境保护为主要关注点对水电开发的疑虑和抵制是其第二阶段的特征。当下可持续发展的理念及其治理目标的设定，要求从整体观平衡各利益攸关方在水电开发过程中相互冲突的利益关系，特别是认识到地球生态系统、人权、社会正义和代际公正等对于人类发展的价值和界限。因此，具有不同文化和生活方式的世居民族的利益和诉求以及他们在水电开发过程中所经受的苦难和伤害逐渐成为法律改革的重要议题，水电如何依据具有正当性的法律规范和程序开发成为第三阶段的特征。

依据 FPIC 原则完善当下水电开发的制度框架有助于实现中国以发展水电达致可持续发展目标的努力，在国家采取立法或其他措施促进经济繁荣和应对气候变化时，它能够建构正当的法律程序，平衡现实中各利益攸关方不平等的权力关系。守住这种对"社会的边界"的底线的尊重，弱势的具有不同文化和生活方式的世居民族就可能避免成为以各种名义进行开发活动的受害者，并且他们因为具有与生物多样性存续相关的信仰、传统的知识体系和文化实践，成为人类避免突破"地球的边界"的生态灾难的贡献者。

通过乡规民约的乡村治理

——以南宁市伏林村的纠纷处理为例

刘 坚[*]

摘 要: 乡规民约在乡村治理中发挥着重要作用,作为乡村纠纷处理的重要依据,有效保障了乡村的社会环境、社会治安,维护了乡村良好的生产、生活秩序,治理效果等方面得到了村民的认可。但是随着乡村社会结构转型,当现代文化不断影响乡村文化时,乡规民约自身的局限性也影响了其作用的发挥。应从传统文化与现代文化发生冲突中探寻如何进行有效的文化调适,构建乡规民约在乡村治理中的治理机制。

关键词: 乡规民约 乡村治理 纠纷 文化冲突

1999年3月15日,第九届全国人民代表大会第二次会议通过了《中华人民共和国宪法修正案》,把"依法治国"正式写入了宪法,表明了国家依法治国的决心。2014年10月23日,中国共产党第十八届中央委员会第四次全体会议通过的《中共中央关于全面推进依法治国若干重大问题的决定》,明确提出推进多层次多领域依法治理,发挥市民公约、乡规民约、行业规章、团体章程等社会规范在社会治理中的积极作用。中国共产党的十八届三中全会明确指出,建设法治中国,须"坚持法治国家、法治政府、法治社会一体建设"。2017年10月,党的十九大提出了实施乡村振兴战略,强调"加强农村基层基础工作,健全自治、法治、德治相结合的乡村治理体系"。国家制定的一系列措施在一定程度上提高了乡规民约在依法治国中的地位,凸显了乡规民约在乡村治理中的价值。

---

[*] 刘坚,南宁师范大学副教授,中央民族大学民族学博士。

在国家法治背景下，乡村治理日益成为学术界的一个重要议题，从中国知网和中文科学文献索引的统计数据看，关于乡村治理的研究涉及管理学、历史学、经济学、政治学、社会学、民族学等学科，学者们纷纷从不同角度探讨乡村治理的问题，形成了不同的研究路径和方法。在这些研究中，把乡规民约作为乡村治理手段的研究也不少，笔者认为，在探讨乡规民约作为治理手段的时候，乡规民约作为传统文化的一种表现形式，难免与现代法律文化发生冲突，这样的研究视角和分析路径同样重要，也同样值得我们去思考应该如何通过整合传统文化资源进行乡村治理。

陈寒非、高其才指出，"乡规民约在乡村治理中有积极作用，如：保障了基层民主，有效进行公共管理，合理分配和保护资产，保护利用资源，促进团结互助，推进移风易俗，传承良善文化，维护了社会治安，解决民间纠纷等作用"[①]。他们对乡规民约作用的总结对本文有极大的启发。在调查中，笔者发现，在"小事不出村，大事不出镇"的纠纷处理要求下，由于国家法尚有缺失或不完善之处，加之各地经济发展不平衡、文化差异较大，乡规民约的确是处理乡村纠纷的重要依据，且乡规民约确实在处理乡村纠纷方面发挥了重要作用。可是，在依法治国的大背景下，受到外来文化的影响，乡规民约在实施过程中存在一定的问题。

本文的田野资料来源于一个壮族乡村——伏林村，该村位于广西南宁市武鸣区双桥镇南部丘陵山地，南武城市大道横穿村境南北，是南宁进入武鸣区的第一个村。该村距离武鸣城区18公里，距南宁市13公里，全村土地总面积26平方公里，有10个自然屯、9个村民小组（有1个自然屯因为纠纷问题选不出自己的村民小组），总户数1200多户，人口4200人，壮族人口占98%[②]，是典型的壮族聚居村落。对一个位于城乡接合部的乡村开展民族地区乡村治理研究而言，在这里探讨乡规民约在处理纠纷背后所体现的法律文化冲突问题很合适。因此，本文将以一起乡村鱼塘租赁纠纷事件为分析个案，详细阐释在乡村社会纠纷化解过程中，在地方性知识的影响和作用下，国家法律和乡规民约究竟是以什么方式、面貌和姿态呈现于农

---

① 陈寒非、高其才：《乡规民约在乡村治理中的积极作用实证研究》，《清华法学》2018年第1期。
② 材料来自伏林村村委编《伏林村史》。

民面前和乡土社会之中。

一 伏林村的乡规民约及其特点

伏林村《乡规民约》修订于 2017 年 8 月 24 日,并在村民大会上经过村民投票通过,体现了村民自治。通过自己制定的条约,规范自己的日常行为,是很好的治村手段,其具体内容如下。

(一) 伏林村《乡规民约》

为了适应改革发展形势的需要,规范村民的生产和生活以及言行举止,特制定本条约,供全体村民遵守执行。

第一条 切实维护投资者的合法权益,严禁吃、拿、卡、要,如发现有侵占投资者合法权益行为的,要零容忍,情节严重的,交公安机关依法惩治。

第二条 全体村民遵纪守法,积极参与村内各项集体活动,不聚众赌博,不吸毒贩毒,不打架斗殴,不寻衅滋事,反对邪教,拒绝传销。

第三条 严禁越级上访,有问题逐级向上反映,共同协商,相互探讨。

第四条 自觉遵守交通规则,做到行人靠边走,车辆靠右行,横穿马路走斑马线,并先停看两头无车再通过。

第五条 注意饮水卫生安全,喷洒农药不能直接将喷雾器(具)接供水管道取水。

第六条 增强环保意识,讲究卫生,爱护环境,不准乱贴乱画,不乱丢垃圾,不随地丢弃农药瓶/袋。

第七条 护林防火,未经批准,严禁带火种进山,不能随意野外用火,严禁捕杀、药杀野生动物。

第八条 左邻右舍要和睦相处,新建或改建房舍不能人为地抬高地基,影响他人正常通行。

第九条 "尊老爱幼,帮贫助残"是中华民族的传统美德,每个村民都应发扬光大,争当讲道德、讲礼貌、讲文明的新一代村民。

第十条　节约用电，爱护公共财产与公共设施，损坏者照价赔偿，维护村庄道路，不得破坏公路和私自占用路面，不贪小便宜，不损坏或糟蹋他人果树和庄稼。

从内容上看，虽然内容简单，规范的事项范围较小，但大多数条款都是原则性规范，便于操作和灵活应用。

（二）伏林村《乡规民约》的特点

从伏林村《乡规民约》的内容、制定过程、实施情况看，其特点主要有以下几个方面。

1. 来自生活，传至生活，贴近生活

伏林村《乡规民约》是当地村民结合当地实际情况，从长期实践中总结概括出来的，十分简洁，且与他们的实际生活同步。无论是在劳作、日常生活还是祭祀活动等遇到问题，村民都可依据《乡规民约》自觉地调节自己的行为，履行自己的道德义务。例如《乡规民约》第4条规定，"自觉遵守交通规则，做到行人靠边走，车辆靠右行，横穿马路走斑马线，并先停看两头无车再通过"，这个条款就结合了伏林村的交通情况。因为南武城市大道横穿村中心，作为南宁一条重要的物流通道，每天都有很多大型货车通过，车速很快，很容易发生交通事故，因此，村委就制定了村民遵守交通规则的条款，规范村民的行为，一定程度上减少了这类交通事故的发生。

另外，与法律条文的抽象化、概念化相比，伏林村《乡规民约》用较为生活化的语言来说理叙事，通俗明了，贴近生活。

2. 民主性和平等性

乡规民约是村民在长期的生产、生活和社会交往中共同确认和信守的行为规范，其目的是维护当地良好的社会关系和社会秩序。因此，作为一种带有浓厚自治色彩的社会规范，在乡规民约的制定和执行上，要体现民主性和平等性的特征。

在制定过程中，从当地实际出发，在乡规民约的议定、修改、废除等过程中，村民都可以充分发表自己的意见，畅所欲言，最后根据大多数人的意见投票表决。在实施过程中，体现了人人平等的原则，无论是头人还

是普通成员，也不管是富人还是穷人，都同样受到乡规民约的保护；他们也都必须遵守乡规民约，若有违反，都要受到制裁。

3. 区域性

乡规民约伴随着本村的形成、发展而逐渐形成、发展，因而被深深打上了本村落族群的烙印，带有本族群文化的特色，而且它只在本村落内部生效，表现出明显的区域性。即使不同地区的同一类型规约也可能虽相似，但并不完全相同。笔者在调查中发现，与紧挨伏林村的伊岭村《乡规民约》相比，无论是条款的数量还是表述差异明显，即使是关于同一类内容的条款，在具体内容上、实施上都有较大的差别，体现了"十里不同风，百里不同俗"。正如格尔兹所言："法律就是地方性知识；地方在此处不只指空间、时间、阶级和各种问题，而且也指特色。"①

二 伏林村鱼塘租赁纠纷及处理过程

(一) 鱼塘租赁纠纷的基本情况

纠纷当事人阮某于1997~2007年租用本村约2亩的池塘养鱼，合同到期后，在没有得到出租人（本村大队）同意的情况下，擅自把自己原先租赁的池塘交给本村人李某使用。李某也没有和本村大队签订鱼塘租赁合同，鱼塘却一直使用至今，其间也没有交纳任何租金给大队。李某在2018年初继续投放鱼苗，还从别处运来泥土，把鱼塘填埋了约半亩。大队队长多次和李某沟通，希望李某能把池塘退回给大队，恢复原状，但李某始终不愿意退回，理由是：村里也有很多村民非法使用村里的公共林地，如果他们不退出来，本人也不退。至此，大队与李某之间的池塘使用纠纷，从2007年一直持续到2018年都未得到解决。2017年，该大队进行大队长改选，新当选的大队长为了改变村民对前任队长无为的印象，树立起自己在村民心目中的权威，决定采取措施，选择将这个责权清晰的纠纷作为突破口，于是开始着手解决这个长达10年的合同纠纷。

基于同村的熟人关系，队长首先开展的是说服工作，他和副队长一起，

---

① 格尔兹：《地方性知识：事实与法律的比较透视》，邓正来译，载梁治平主编《法律的文化解释》（增订本），三联书店，1994，第126页。

多次到李某家里做李某的思想工作，要求李某清理池塘的鱼苗，恢复原状，把鱼塘使用权归还给村里。但李某始终坚持自己的要求，就是要队长把村里类似的问题一起解决，不能只盯着自己的事情。多次沟通后，双方没能达成一致意见，没办法，只能求助于镇上派下来的村法律顾问。2018年7月，驻村干部、法律顾问、大队正副队长和笔者共5人，一起来到李某正在干活的田地，进行实地现场调解，在调解现场，笔者听到了参与调解的工作人员处理这起纠纷的理由。

驻村干部（之前担任过镇长，多年从事计生工作）：大队为什么要找你（李某）处理鱼塘问题，因为关于鱼塘的使用是有合同的，合同规定的双方权利与义务是很清楚的，现在合同协定的租赁期到了，你和大队又没有签新的合同，况且，你还是转租过来的，没有理由不退还鱼塘的使用权，你这样不守信用，和大队搞对立，这样的形象对自己的后代也不好。现在贵南高铁经过村里，如果出现征地补偿问题，大队也不配合你的工作，不给你补偿，你还亏。

驻村干部用自己擅长做群众思想工作的经验，从互惠角度让当事人平衡当前利益与长远利益，在孩子面前的"示范"效应，对当事人心理产生了震撼，以此暗示李某退出鱼塘是明智之举。

法律顾问（2017年乡镇派驻到村的流动法律顾问）：我是乡镇派下来的法律顾问，你的事情（这次鱼塘纠纷）上面其实是知道的，大家都乡里乡亲的，我也不想把你的事情当作典型写在报告里，对你也不利，大家赚钱都不容易，你违反约定占用鱼塘的收益大队就不追究了，希望你和大队、村委委员一起坐下来协商。

大队队长：你（李某）不要纠结于大队是否会处理其他村民占用大队的林地问题，很多类似的问题都是前几任队长遗留下来的，水要一口一口喝，问题解决也一样，要一件一件处理，况且本村的乡规民约也规定要遵纪守法，不贪小便宜，你作为村里的一员，是否做到了呢？

从上述文本中可以看出，村民在处理纠纷过程中，不仅重视法律、法规等现代规则，还借助了乡规民约等地方性知识的作用，纠纷的调解体现了情、理、法在现代文化与传统文化中的交织、交融，我们以乡村合同纠纷为文本，分析其背后传统文化和现代文化之间的冲突、妥协与调适。

（二）纠纷的处理过程

1. 依照乡规民约的处理方式

第一，抓住传统文化的从众心理。从众是传统社会诸种控制手段中的一种，所谓从众就是在社会或群体的压力下，个人放弃自己的意见而采取与大多数人一致的行为，我们平常所说的"随大流""跟风走"等就是典型的从众表现。① 在鱼塘合同纠纷的处理当中，从各方陈述的理由看，笔者发现，在村干部、队长、法律顾问的调解中，在政府、村委会、大队成员的压力下，李某有放弃继续使用鱼塘的想法，但碍于面子，始终不愿在口头上轻言放弃，为了给自己有个下来的台阶，最后说了一句："那过几天，等我忙完手头的活，再和村委、大队一起协商下呗。"话语中能感受到李某态度的转变，这使事情发展可能有一个180度的大转弯。

第二，重"脸"促治。根据乡村熟人社会的特点，着眼于村民要面子的情况，强调通过曝光等方式，可以保障乡规民约的实施。实践中，驻村法律顾问就是试图通过曝光李某侵犯村里集体财产的事件，使其受到村民的谴责，让他"没面子"的方式使其产生胆怯心理，使其一直较为强硬的态度有所缓和。俗话说：树活一张皮，人活一张脸。面子问题在中国社会中影响很大，是维系中国人际关系的重要工具。诚如费孝通先生所云：熟人社会的乡土社会治理方式是靠"礼"这种社会规范来调节；"所有这些经济义务之所以能被遵守，并被非常严谨地遵守的真正原因在于背弃诺言会使此人处于难堪的境地，而不履行义务会使他臭名远扬。在经济交往中，顽固抵制法律管辖的人会很快发现自己处于社会和经济秩序之外"②。

第三，互惠共赢的促治。人类学相关理论表明，互惠不仅有物质上的交换，也有非物质上的交换，互惠关系本质上是一种权利义务的交换规则，

---

① 庄孔韶主编《人类学通论》，山西人民出版社，1994，第391页。
② 〔英〕马林诺夫斯基：《原始社会的犯罪与习俗》，原江译，法律出版社，2007，第35页。

也是一种最基本的社会秩序,这一理论随着社会的发展不断地丰富。在这起纠纷中,笔者看到互惠共赢的治村方式得到了很好的体现。驻村干部提到李某对鱼塘的使用不合理,现在大队和他协商,要把鱼塘回收,如果他不配合,将来有什么事情需要大队和村里帮忙时大队也推诿。从驻村干部的话语中我们能感受到大队与李某的互惠因素,李某稍微盘算,将自己以后可能发生的损失与自己目前非法占用鱼塘本就理亏相比,接受目前这种处理方式对自己更为有利。因此驻村干部的一席话,进一步"打击"了李某本就犹豫的心理防线,促使他愿意接受进一步的后续调解工作。事情发展到现在,该纠纷即使进入诉讼环节,不管调解结果如何,法庭都会依照法律条文和习俗惯例来对纠纷进行最终的判决,使习俗中的互惠关系得到重新恢复,而法律成为一种使这种互惠关系的恢复得以实现的强制力量。[①]

2. 依照国家法——《民法典》的处理方式

《民法典》第469条规定:"当事人订立合同,可以采用书面形式、口头形式或者其他形式。"《民法典》第703~734条是租赁合同的有关规定。根据这些规定,最早与大队签署合同的阮某在没有得到大队同意的情况下,转租给李某,对于阮某的转租行为,大队并没有主张自己的权利(认定转租合同无效)而是默认了这种转租行为,构成了《民法典》第469条中的"其他形式"。从这方面讲,大队与李某是存在租赁合同关系的,双方关于鱼塘租赁的合同应该得到法律保护。

通过上述两种对纠纷处理的结果比较看,毫无疑问,通过借助乡规民约,融入乡村熟人社会特有的人情、面子的方式,获得的处理效果比使用诉讼方式略胜一筹,也证明了乡规民约在纠纷处理过程中的作用。

三 乡规民约在乡村治理中的作用

乡规民约是乡村民众为了办理公共事务和公益事业,维护社会治安,调解民间纠纷,保障村民利益,实现村民自治,民主议定和修改并共同遵守的社会规范。[②] 作为一种自治性规范,其并不能得到国家强制力的支持,

---

[①] 赵旭东:《习俗、权威与纠纷解决的场域:河北一村落的法律人类学考察》,《社会学研究》2001年第1期。

[②] 陈寒非、高其才:《乡规民约在乡村治理中的积极作用实证研究》,《清华法学》2018年第1期。

多数是依赖村庄的舆论力量对违规者施加压力。我国现有的法律并不够完善，原则性条款多，一些法规条文相对笼统，而各地文化差异大，使得在乡村治理中，某些纠纷利用乡规民约解决的效果比国家法律更好。

上述案例中，笔者看到驻村干部、法律顾问还有大队队长都没有诉诸法律，而是根据乡村社会的特点，灵活运用了乡规民约，使事情得到有效的处理。在对本村的纠纷该秉着什么样的原则进行处理上，伏林村的《乡规民约》并没有具体的条文，与之相关的是《乡规民约》第 2 条和第 10 条，但内容很笼统。依乡规民约解决纠纷的方式，主要靠村民自行协商，村委会调解，村委会执行，因此在纠纷调解中，大队队长紧紧围绕作为本村村民应尽的义务不能随意违反的原则，利用村民"要面子"向其施加舆论压力；驻村干部向李某比较了利益得失；法律顾问则参与劝导。多方"压力"使李某愿意改变之前的想法，接受进一步调解，使得纠纷的处理朝着有利的方向发展。

四 乡规民约与法律的调适

（一） 乡规民约与法律的冲突

改革开放的核心举措就是要在中国建立完善的市场经济体系，而市场经济体系的建立要靠国家强制力推行现代化的法治建设。[1] 苏力则认为，习俗惯例实际上有时要比国家法律更有利于交易的顺利完成，国家制定的法律如果尊重习俗，恰恰可以减少交易的成本，从而促进市场经济的完善。[2] 上述纠纷的有效解决，得益于乡规民约、法律的合理运用和工作人员调解技巧的实施，但我们欣喜之余，发现其实该村的乡规民约与法律存在很大的冲突，我们有必要探究其中的根源何在。

1. 认识上的失误

在法治建设的进程中，乡规民约常常被当作"陋习"，是与国家法律格格不入的需要被剔除的东西。之后，随着国家政权向下渗透，乡规民约成为由国家间接指导的政府规范。随着市场经济及依法治国观念的进一步深

---

[1] 刘瀚、夏勇：《法理学面临的新课题》，《法学研究》1993 年第 1 期。
[2] 苏力：《法制及其本土资源》，中国政法大学出版社，1996，第 10 页。

入，一方面国家的法律制度和法律条文不断地完善，另一方面乡规民约也在规范着村民日常的生产生活，加之各地文化差异等原因，法律与各地的乡规民约在对纠纷解决的理解中发生了冲突。伏林村《乡规民约》只有10条，对于处在城乡接合部的村落而言，满足不了日益发展的乡村需要。在李某鱼塘纠纷案中，村委、大队所使用的条款其实很勉强，说服力有所欠缺。

2. 乡规民约的价值尚在讨论当中

学术界曾对"民间解决纠纷的所谓乡规民约、习惯法在其中究竟有什么作用和意义"有过激烈讨论。苏力认为，"礼失而求诸野"地利用中国"本土资源"的做法，可以减少交易成本，从而促进市场经济的完善。他的观点得到了梁治平的认可，后者也认为乡规民约的"实用理性所支配"原则能够很快消除民事纠纷。但法学界的一些学者则认为乡规民约不符合法的特点，没有强制力作为后盾，乡规民约在执行过程中没有太大的实际价值。笔者认为，乡村社会有自己一套运行机制，有与城市不一样的生活逻辑，乡规民约只要能作为是非的判断标准，有利于维护社会秩序的稳定，就是一种好的规范。就本案而言，虽然伏林村的《乡规民约》尚有种种不足之处，但它毕竟是村民通过自治原则制定并得到村民认可的，在实践中也对村民有一定的约束力，维持了乡村良好秩序，成为村委治理乡村的法宝之一。从这方面来说，乡规民约尚有存在的价值，对于它与法律的冲突问题，我们要辩证地分析。

（二）乡规民约与法律的融合和调适

乡规民约与法律的冲突是客观事实，梁治平认为，中国所谓民间社会既非完全地听命于国家，也非完全地独立于国家之外，"而是通过共同秩序观念与国家体制连接起来的连续体"。从这起纠纷调解过程的描述中我们看到，国家法律以及乡规民约都会被当成是一种资源而被当事人双方调动起来，谁掌握这些资源就会处于有利的位置。事实也证明，即使在当代最发达的国家，国家法也不是在社会中唯一起作用的规则，而在所谓的正式法律（即国家法）的基础上仍然存在大量非正式法律（即非国家法）。[1] 因

---

[1] Lawrence M. Friedman, *American Law*, ch.2, New York: W. W. Norton &Company, 1984.

此，对于乡规民约与法律的融合和调适问题，笔者赞成"法律只是社会秩序赖以维持的诸多制度之一，法律制度与其他非法律制度一样共同调整着社会秩序，各自拥有独立的行为规范及制裁措施"①的观点。

事实上，我国乡规民约有广泛的"民间社会"基础，在国家权力还未全面深入、国家法还不能提供全面有效的法律服务的情况下，作为非正式规范的乡规民约正在并仍然会在乡村社会的秩序中发挥作用，同时，也要看到乡规民约自身的缺陷，如各地乡规民约差异大，有效实施的范围有限，内容不够全面，操作不够规范等，需要我们在适用时处理好乡规民约和法律的调适问题。

---

① 〔英〕S. 斯普林克尔：《清代法制导论：从社会学角度加以分析》，张守东译，中国政法大学出版社，2000，第196页。

法律与道德博弈之再探究

茆晓君[*]

摘　要：法律在"内"与"外"之间发挥着正当性和有效性。法律要在社会文化脉络下得到民众认同，需待其与社会生活和经验事实结合，"地方性"与法治文化的融会才是法律的正源所在。洞见或识透隐藏于深处的棘手问题是艰难的，如果只是把握问题的表层，那么其仍然得不到解决。因此，必须把它"连根拔起"，使它彻底暴露，这要求我们用新思维去解读。道德越轨常以"隐藏"面目示人，以利己来破坏社会正义结构。如果越轨者逃脱约束和惩罚，那么越轨行为将会受到追捧，遏制这种态势需要对越轨者进行制裁。

关键词：法律　越轨　博弈　深描　裂缝

一　引言

法律并非无源之水，其根植于背景文化，需文化土壤供其成长。在同质社会中，社会成员的生活方式、价值观念、思维习惯和思想文化趋于接近，形成文化共同体，这能克服多元化所带来的主观理解差异，也易使成员达成共识。社会交换学派认为人们对得失、代价和利润的计算并不"合理"，"虚假""夸大""贪婪"常有，双方利益交换时，没有完全对等的价值，总有一方吃亏，产生"不均衡"，"不均衡"的积累会产生"失态"，进而爆发冲突、暴力与变迁，一方与另一方恢复平衡后又会产生新的不平

---

[*] 茆晓君，常州工学院副教授，泸州职业技术学院马克思主义学院院长，泸州思想政治教育研究中心主任，泸州市大中小学思政课一体化建设专家指导组副组长。

衡，而法律就是其平衡机制。

亚当·斯密谈道：在人类社会这个巨大的棋盘上，每一个人都有着他自己的运动原则，而且这些原则与立法机构可能强加给他的运动原则完全不同。① 人民日常生活实践总被一种无形的力量约束与规制，这种力量的源泉何在？来自道德伦理、法律法规、经济互动、宗教信仰等复杂活动，抑或社会整体事实，其追求的是社会的稳定和秩序的井然。在"法律"理念膨胀的当今，法律解决纠纷的功能越来越明显，国家与地方的制定法成为社会赖以维系的强制性手段。但是法律总是处于两难的困境之中，其一法律总是滞后于社会疾驶的车轮，其二人们总想弥补它们之间的差距。这使人不禁疑惑，究竟是法律为人而生，还是人为法律而活。法律背后的逻辑和意义是什么，其假设的基石能否给予我们思虑的进路，都是值得探讨与反思的。

二　越轨案情回溯

多年前的一部电影《离开雷锋的日子》中有一情节是男主角乔安山驾车救起一位被车撞伤的老人，并将老人送到医院抢救。而老人在家人的压力下，违心地指认是乔撞了他，逼迫乔在病榻前照顾他。这部影片的情节是对 2010 年重庆真实案例的再现。

> 昨天下午，690 路公交车驾驶员艾义兵在调度室匆匆吃完午饭，又钻进了公交车跑下一班，车子行驶到四号桥暨华中学门口遇见一位老大爷后，艾义兵被暂扣了驾照。原来，老大爷说自己被公交车撞倒，但艾师傅说是老大爷走路摔倒，他是出于好心停车去扶的。尽管附近的群众和车上的乘客都愿意为艾师傅作证，但他还是挺郁闷。②

艾师傅的"郁闷"正是德沃金的法律理念中"整体性的法"的迷失，并经历了"正义的陡坡"③（justificatory ascent）之锤炼。案件第一层面可以

---

① 〔英〕冯·哈耶克：《法律、立法与自由》，邓正来等译，中国大百科全书出版社，2000，第 52 页。
② 《重庆一公交司机扶起摔倒老汉后反遭诬陷撞人》，《重庆时报》2010 年 10 月 20 日。
③ Ronald Dworkin, Resonse, "Conceptions of Legal Theory: A Response to Ronald Dworkin", 29 *Ariz. St. L. J.* 377.

拆分为司机、老大爷、交警、群众及乘客分别扮演了不同角色。不容置疑的是这四方进行了看不见的博弈，还有第五方社会观众参与，这场博弈的结果关涉社会群体乃至个人心理的承受和道德的考量。

挖掘五方的行动逻辑，需要"深描"（thick description）。要想了解当事人的行动和文化就必须将其放到其原来的脉络中解读，这种解读应当以行动为中心。深描就是对社会活动进行具有丰富意义的全貌的描述，在深描的过程中，文化撰写的技巧从堆砌事实转换为象征意义的细腻的解释和交流。这种具有厚度的记述"深描"的精髓在于特别关注揭示行动和文化之间的关系，由此来解释行动的意义。这也就要求观察者从极简单的动作或话语着手，追寻它所隐含的无限社会内容，揭示其多层内涵，进而展示文化符号意义结构的复杂社会基础和含义。我们的目的是从细小但编制缜密的事实中推出大结论。[①] 本案例的记者完成了田野调查，通过参与观察，与四方当事人都进行了互动，清晰地展示了整个过程。

第一，被撞的老人家。他今年已经89岁，身体还算硬朗，当时走的那条路也比较平坦，他认为自己不可能摔倒。家里的病历单上面写着"左膝盖××"（字迹有点潦草，不太能看清），老人还给我们看了医生开的药，是两盒舒筋活络的药。他说司机当时还想给他100元钱，让他自己离开，但他没接受，想先到医院去看病，等儿女来了再解决。他告诉我们，他和老伴一块生活，老两口一个月共有1040元的补贴，这次是两个外孙带他去医院做的检查。

第二，690公交车司机艾师傅。他在交巡警平台做完笔录，到现场讲述了当时的情况。艾师傅当日身穿一件白衬衣，绿色的工作牌还别在胸前，说话的声音很小，语速也有点慢，情绪显得很低落。他说：当时开的那班车，是从终点站空港广场返回起点站小小岛。行驶到暨华中学门口时，他看见前面有个老大爷坐在地上，身边是一个直径约半米的浅坑。于是他赶紧停车，下去扶老大爷，可老大爷却说是公交车把他撞倒了，拦着车不让走。出事这条路是一个右转弯的斜坡，尽

---

① 〔美〕克利福德·格尔兹：《文化的解释》，纳日碧力戈等译，上海人民出版社，1999，第31页。

管有红绿灯，但每次从这里过都特别小心，车身离老大爷还有1米多宽，不可能撞上他。他指着地上的坑分析，老大爷可能是走路不小心摔倒的。艾师傅补充说，他今年37岁，开了十几年的车，这样的事还是头一回遇到，驾照也被交巡警暂时扣留，这几天都上不了班，他很着急。他自己家里也有老人，看见老大爷摔倒在地上，是出于本能反应下车去扶他的。现在家人已经知道了这件事，都很为他担心。

第三，周围群众。（1）人行道旁报刊亭女老板声称目击了整个经过：老大爷当时走在路上，不小心摔倒，这时后面开来一辆公交车，司机停车下来扶老大爷，老大爷就说自己被车子撞了。（2）暨华中学的旁边有一排门面房，恰好能看见老大爷被摔的地方，一家小吃店的老板说：他也亲眼看见老大爷自己摔倒。他还建议老大爷先去医院，但老大爷一直坐在地上，不愿意走。（3）清洁工、摩的司机，还有一些经营户都说：他们能证明司机没有撞到老大爷。（4）一位周姓老师说：他是暨华中学的老师，当时他刚出校门，也目睹了这件事。出事的地点就在学校门口10米远处，其实司机是好心去扶老大爷，当时学生们正在上课，如果有学生知道这件事，他们以后还敢不敢做好事，在这方面的教育上，他很担心。（5）公交车上一位乘客游先生说：他坐在车子最后一排靠窗位置，看见了老大爷自己摔倒的整个过程，他愿意为艾师傅作证。证人证言与司机艾师傅所言相差无几。

第四，交警。出警的渝北区府广场交巡警平台一位交巡警说，尽管事发地附近有摄像头，但方向恰好没有对着转弯处，因此监控里也看不见当时的情景。不过，他们已经登记了附近一些目击者的姓名和联系方式，将做进一步调查。如果真是艾师傅撞的人，就按交通肇事处理；如果是老大爷自己摔倒的，将退还艾师傅的驾照。艾师傅将愿意作证的车上乘客的电话交给了交巡警。

第五，网友。网上对此评价不一，众说纷纭。有的网友谈论："人心坏了啊！摆明了就是想讹你钱的嘛！"有的网友谈论："一开始我觉得可能是老人没看到，以为是后面的司机撞的自己，但是目击者都说不是，他还认为是司机撞的。现在我觉得老人要是有医疗、养老这方面的保障，就不会硬说是司机撞的了。"有的网友评论："其实这类事情一是子女对老人缺少关心，让老人很害怕自己发生意外给子女带来麻烦，子女对此是有责任的。"有的网友评论："今后是不是做好事都得找人证啊？这太可怕了，幸好这个老人是摔到了有点小伤，要是他当时有什么要命的病发作了，那岂不是要司机赔命。"有的网友评论："尊老爱幼在当今社会已经大打折扣，其原因不是我们不去尊敬老人、爱护小朋友，而是因为太多的老人仗着年纪大胡作非为、太多的小朋友仗着家里的权势横行霸道。"①

日常生活之所以可以成为负载文化价值而有特殊倾向的实践，是因为这些日常行为的习得过程已经包含无意识的"基模"。洞见或透视隐藏于深处的棘手问题是艰难的，如果只是把握这些棘手问题的表层，它们就会维持原状，但得不到解决。因此，必须"连根拔起"，使其彻底地暴露出来；这就要求我们以一种新的方式来思考。②作为技术的、政治的、结构的、文化的视角的一种补充，戏剧的视角可以构成第五种视角。③五方参与者在其间都扮演了不同的角色，他们自发性的表演角色为何会有如此大的冲突，他们行为之中没有任何共谋但是在事件中达成了共谋，究竟是什么理念指导了行动者扮演了如此生动的角色，背后所隐藏的逻辑值得深味。

三 越轨案情再探

出于道德心做出符合社会所弘扬之高尚美德的行为，如今却成为无情的陷阱与道德的黑洞，究竟是人们之间的情感发生了异化，还是物质与情感之间选择偏好产生了差异。笔者从道德人、经济人和法律人出发，试图揭开这个悖论。这个悖论其实陷入了一种怪圈和困境之中，一群理性人聚在一起想为获得某一公共物品而奋斗时，其中每一个人都可能想让别人为达到该目标而努力，自己则坐享其成。这样一来，就会形成"三个和尚没水喝"的局面，这就是所谓的"搭便车困境"④。多方主体各有行事规则，

---

① 以上材料均取自雅虎中国网站雅虎视点栏目《好心真的没好报？》专题。
② 〔英〕维特根斯坦：《思想札记》，转引自邓正来《国家与社会》，北京大学出版社，2008，第226页。
③ 〔美〕欧文·戈夫曼：《日常生活中的自我呈现》，冯钢译，北京大学出版社，2008，第205页。
④ 朱淑丽：《法律与民间规范》，上海人民出版社，2009，第101页。

并且在其认为合适的时间、空间和场合表现出不同的面向。

(一) 道德人之展述

毫无疑问,电影中的乔安山尊老爱幼,司机艾师傅在他人旁证与自述中也扮演着道德模范的角色。案件中的周围群众以及网友们扮演了维护社会道德之正义角色。孔子曰:"故人不独亲其亲,不独子其子。使老有所终,壮有所用,幼有所长,鳏寡孤独废疾者,皆有所养。"① 这是其对大同之世、世风道德的呼吁。孟子也以其"老吾老以及人之老,幼吾幼以及人之幼"② 回应,完成对道德风尚的教化。而佛经也有云:"诸恶莫作,众善奉行,自净其意,是诸佛教。"③ 这些无不使人体悟一人之善,能为体身积功累德,也能惠及他人。亚当·斯密在其《道德情操论》中将利他主义放大,提出"道德人"假设,这样的人在社会生活中以利他主义为行为逻辑,并在道德理性的支配下追求他人利益最大化。"无论人们认为某人怎样自私,这个人的天赋中总是明显地存在这样一些本性,这些本性使他关心别人的命运,把别人的命运,把别人的幸福看成是自己的事情,虽然他除了看到别人幸福而感到高兴以外,一无所得。这种本性就是怜悯或同情,就是当我们看到或逼真地想象到他人的不幸遭遇时所产生的感情。"④

(二) 经济人之展述

从案例中不难看出,诬陷乔安山的老人是从经济的角度考虑而排斥其他因素,艾师傅所遇之老人家无非也是想在经济上取利。司马迁曾论:"天下熙熙,皆为利来;天下攘攘,皆为利往。"又言:"富者,人之情性,所不学而俱欲者也。"⑤ 这都体现古人有自利经济之倾向。亚当·斯密在《国富论》中坦言,"人本能是自利的动物""盘算的是他自己的利益""我们每天所需的食料和饮料,不是来自厨夫、酿酒家或烙面师的恩惠,而是出于他们自利的打算。我们不说唤起他们的利他心的话,而说唤起他们利己

---

① 《礼记·礼运篇》。
② 《孟子·梁惠王上》。
③ 《增一阿含》。
④ 〔英〕亚当·斯密:《道德情操论》,蒋自强等译,商务印书馆,1997,第5页。
⑤ 《史记·货殖列传》。

心的话。我们不说自己有需要，而说他们有利"①。据此斯密又提出了"经济人"假设，即完全从利己追求自身利益最大化出发阐述人之自利本性。最大化是指理性人能将各种资源的效用从小到大依次排列，然后把自己的选择与较大的数字联系在一起，并认为这种选择是较好的。最大的数字表示人们感到获得最大满足。

（三）法律人之展述

案例中处理案件的交巡警在执法时秉承了以事实为依据、以法律为准绳的法律理念。有了人证和当事人陈述仍然无法定案，因为少了物证。"法律人"并不是一个严谨、规范的称谓，而是从事法律职业或有法学背景的人寻找集体归属感的自我划定。"法律人"的素养要求很高，姜明安曾道法律学人须"信仰法律，更执着于批判法律；追求正义，更执着于思考正义；崇尚秩序，更执着于创新秩序"②。获得"正义"必须在公平的环境下才有说服力。公平有三种意义：一是一视同仁、平等对待以及无私无偏；二是当事人之间达成某种均衡或者对等关系；三是损害发生后恢复发生损害行为和结果前的状态。

（四）不同角色选择的机制各异导致吊诡产生

"人的意识可以比作一颗卷心菜。它的嫩心被一层又一层的辩护、遁词、论证等等所包藏。必须把这些全剥掉，才能看清那驱使任何一个人行动的真实的复杂动机。如果一个人的行动（有别于其言论）不通过种种无意识的方式显露出他某些内心思想的话，这样一个过程简直是难以实现的。"③ 角色之间的互动却是不同的进路，那如何得以兼容，萌发我们如剥洋葱由表及里地去认识他者，又从里往外反思自身的循环周期的冲动。试想如果艾师傅真是交通肇事者，老人家安能坐在路上安然无恙，只是膝盖擦伤？除非艾师傅车技高超。如果艾师傅真的撞上了老人家，怎么会有如此多的群众愿意作证？报刊亭女老板、小吃店老板、清洁工、摩的司机、

---

① 〔美〕亚当·斯密：《国民财富的性质和原因的研究》上卷，商务印书馆，1981，第14页。
② 姜明安：《法律人与法律学人的品性》，《法制网》2007年12月26日。
③ 〔美〕韩丁：《翻身：中国一个村庄的革命纪实》，韩倞等译，北京出版社，1980，第454页。

经营户、周老师、游先生等目击者统一口径共谋陷害年届九十的老人家，不合常理。深层次的内涵由此浮出水面，艾师傅以及乔安山其实是受到传统教育的熏陶和对道德理念的崇尚而做出的下意识行为，这种行为没有附带利益价值，无非是获得赞誉和美称。按照正常思维，这样的行为并不会给自身带来麻烦，而应该带来道德的满足。而老人遵循的是"经济人"的进路，只要能达到私利最大化，其他可以忽略和践踏。"他所考虑的不是社会的利益，而是他自身的利益。"[1] 而交巡警是从"法律人"的进路出发，维护法律的程序和形式正义，以达到实质正义。由于一时无法获取有利于司机的物证，只能暂时剥夺艾师傅的驾驶权。群众纷纷作证，出于"道德人"的公共心和"社会人"的责任心。网友是基于对事件的想象而采取的"社会人"的评判，包含对良好社会风气的期待，也存畏惧波及己身之忧虑。其中存在的悖论是每个人都有道理，但冲突不可避免。

（五）经济人和道德人之纠葛再论

从老人家的"经济人"角度可以看出，他的抉择是最"经济实惠"的。一般这种情况，相对方都不会与之纠缠，况且"病"是最好的武器。诬陷乔安山的老人和抓住艾师傅不放的老人内心都有一本账，账目清晰，其付出的成本是年纪"大"和身体"弱"，这在经济学中是忽略不计的。而他获得的收益却是可观的，少则上百，多则数千，达到了"经济人"所强调的支出最小——接近于零，收益最大——无限放大。其中还少算了一个"道德成本"。冤枉一个帮助过自己的人并把他推向深渊需要付出巨额的"道德成本"，这里又要分析"经济收益"与"道德成本"的关系了。经济收益分为公收益（社会收益）和私收益（个人收益），从"经济人"出发是获得最大的私收益，公收益则是可以为了私收益而牺牲的。道德成本也分为公共道德成本和私人道德成本。道德是无法用等价物进行对照和衡量的，道德的维护及控制在于社会力或者民心。私人道德是个人在文化濡化过程中培养出的个人修养的内核；公共道德是社群力量维护的基本秩序和基础公信，是社会得以运行的源动力。纠葛的是在经济理念深入

---

[1] 〔美〕亚当·斯密：《国富论——国民财富的性质和原因的研究》，中南大学出版社，2003，第25页。

人心的大环境下，一切都可以交换。经济收益和道德成本之间会发生不可思议的碰撞，为了经济利益，道德可以用来"勾兑"。在"公"和"私"界分如此清晰的社会中，在"经济人"眼中，以对个人道德成本的践踏换取一定的己身的私利益是值得并可行的，这与亚当·斯密预设"理性经济人"的初衷南辕北辙。而公共道德成本不需要"越轨者"承担风险和损失，由社会自我调节、自行修复已达到平衡。不幸的是破损后重新修补与编织的蜘蛛网似的社会网络不可能回到原点。曾经搀扶老人是风气而今搀扶老人成了陷阱。这种担心从目击者和网友的言论中可见一斑，至少对于他们来说艾师傅的行为不是榜样而是教训。剖析可知，违反道德的成本由社会支付，而获得的收益由个人支配，这是老人家选择机制中的原逻辑所在。

四 法律惩治越轨者意义评析

张海洋教授借用格尔兹的故事对《易经》做了一个注脚：人世间出人意料的事儿，原因大抵不外乎行事主体之"多"与事件环境之"变"，再有就是行事人欲有所为而结构场景令其无能为力的尴尬。[①] 案例中的经历者与关注者同样备受焦虑的煎熬，老人家为了经济私益而焦虑；艾师傅为自己的付出没有回报却有道德污损而焦虑；众多关注者为世风日下恐波及自身而焦虑。焦虑的人们希望挣脱此类困境。

众所周知，越轨者如果以成功者的面目出现而得不到约束和惩罚，那么越轨行为将被效仿受到追捧。要遏制这种态势需要对越轨者进行制裁（sanctions）。"通常，制裁都被理解为当一个人违反一项法律规则，进而犯罪时，法律宣称将要加诸或可能发生在他身上的事。这个词常常被用以表示为'法律的牙齿'（the teeth in the law）。"[②] 诬赖乔安山的老人和与艾师傅纠缠的老人，他们的行为有碍于社会道德风尚，这种"越轨"犹如利剑刺破"道德"虚弱的外壳直击其柔软的"心脏"，而"道德"居然毫无还手之力，究竟原本就无保护的孱弱身躯还是人为"卸去盔甲"，值得深

[①] 张海洋：《好想的摩洛哥与难说的拉比诺》（代译序），载保罗·拉比诺《摩洛哥田野作业反思》，商务印书馆，2008，第8页。

[②] 〔美〕保罗·博汉南：《法律和法律制度》，载〔英〕马林诺夫斯基《原始社会的犯罪与习俗》，原江译，云南人民出版社，2002，第131页。

讨。法律利器要用于对社会正义、伦理道德之维护中,让越轨者付出双倍甚至多倍的成本。法律从技术层面包括对行为的积极赞许和消极制裁,指对遵循体制行为的鼓励和对不遵循体制行为的惩罚。[1] 当道德的谴责不足以惩戒违规者时,"重法"的约束尤为必要。

---

[1] 〔美〕保罗·博汉南:《法律和法律制度》,载〔英〕马林诺夫斯基《原始社会的犯罪与习俗》,原江译,云南人民出版社,2002,第131页。

生态人类学视域下哈萨克环境习惯法的当代价值与现实困境

陈祥军[*]

摘 要：人与自然的关系主要是通过人类自身行为活动来体现的。这些行为活动在日常生产生活中表现为一个民族或地方的习惯，实质为一个民族或地方的本土知识。本文基于新疆哈萨克游牧社会的生产生活习惯，从生态人类学视角，将环境习惯法纳入本土生态知识的研究范畴，探究其在中国法制现代化进程及边疆牧区社会经济发展中的当代价值及面临的困境。

关键词：生态人类学　环境习惯法　本土知识　哈萨克

一　提出问题

生态人类学主要研究"人与自然"的关系，而人与自然的联系主要通过人类自身活动来建立，这些自身活动构成了人类活动体系。[①] 这些活动实质上是人类对自然环境认识的具体表现。生活在世界各地不同地理空间中的民族在长期与自然的互动中形成了对自然的不同认识，反映在其活动形式中则表现为实践中不同的生计方式，即生计方式是基于对生存环境认识的一种适应。这种认识经长久累积在民族内部形成一种共识，并对所有成员起着约束作用，最后形成民族内部约定俗成的习惯。这种习惯一旦形成，

---

[*] 陈祥军，中南民族大学教授，硕士生导师，剑桥大学社会人类学系访问学者，研究方向：生态人类学、牧区社会及影视人类学。
[①] 〔日〕秋道致弥等：《生态人类学》，范广融、尹邵亭译，云南大学出版社，2006，第89页。

会逐渐演变为民族内部成员认同的标准,并在民族内部构建起一道清晰的边界,外力很难轻易撼动。

学术界从习惯法角度对这种普遍现象进行了研究。人类学研究者赵旭东认为,乡土社会的习惯时常被摆在第一位,要想打破极为艰难,因为它们是建构此一社会有序生活的基石,而外来的法律以及社会秩序形态很难对此习惯加以撼动。[1] 这些习惯最终形成乡土社会或民族内部的习惯法。法学研究者李可认为:"习惯法是共同体成员在长期的生产生活实践中自发形成的、规定其成员之间的权利义务并得到共同体普遍认同的行为规则。"[2] 法律文化研究者梁治平认为,习惯法是一套地方性规范,就其性质而言,习惯法乃是不同于国家法的另一种知识传统。[3] 有学者把习惯法纳入"地方性知识或传统知识"的范畴当中,如尚海涛认为,习惯法本身就是传统知识的一部分,二者存在亲缘性。[4] 可见,习惯法就是一个民族或地方传统知识的结晶。世界知识产权组织将习惯法定义为被土著人民和当地社区认可为强制性行为准则的习俗、惯例和信仰的集合,其特点是这些习惯得到了社区、人民、部落、民族或宗教群体的集体认可和共享。[5] 所以,习惯法来源于社会实践,是传统知识的一部分,也是大家共同遵守的规则,对所有人的行为活动都具有约束作用。笔者认为,对习惯法的研究也是了解和认识一个民族或区域文化及其变迁的一个窗口。

然而,当下习惯法在现代国家的建构过程中逐渐被国家法吸收、改变乃至替代。国家制定法以一种特殊途径渗透到社会中,在改变人们行为的同时,也在改变民间法的规则,最终从根本上改变了民间法。[6] 有学者认为,我们的许多习俗本身就源自法律,所有成功的法律最终都会成为一种习俗或习惯。[7] 可见,法律与习惯法之间并不总是对立的关系。中外学界对

---

[1] 赵旭东:《法律与文化》,北京大学出版社,2011,第191页。
[2] 李可:《习惯法:一个正在发生的制度性事实》,中南大学出版社,2005,第49页。
[3] 梁治平:《清代习惯法:社会与国家》,中国政法大学出版社,1999,第1页。
[4] 尚海涛:《论传统知识的习惯法保护》,《民间法》2012年第4期。
[5] 世界知识产权组织:《习惯法与传统知识》,http://www.wipo.int/publications/zh/details.jsp?id=3876,2016。
[6] 苏力:《法治及其本土资源》,北京大学出版社,2015,第52页。
[7] Amanda Perreau-Saussine and James B. Murphy, *The Nature of Customary Law*, Cambridge: Cambridge University Press, 2007, p.77.

习惯法也存在两种看法：一种认为，习惯法的内容都特别好，都要保留；另一种建议取其精华，弃其糟粕。孟加拉学者若伊（Raja D. Roy）认为，在习惯法和国家法律体系之间既存在相互促进的积极一面，也存在紧张或冲突的一面，例如印度的贾坎德邦，联邦和省（州）法律之间就存在紧张关系。[①] 这就是习惯法研究者所遭遇的一个困境，即法律预设的统一性与民间日常规范的多元性矛盾。

本文重点讨论习惯法中与自然环境相关的那部分内容，即"环境习惯法"，其侧重的是有关环境保护、资源自然利用和管理的习惯法类群。[②] 对于那些与自然亲近的民族来说，其习惯法中有很多内容对环境保护起着积极作用。云南金平的哈尼族和傣族村寨都有一片具有特殊意义的树林——龙树林，其被赋予了很多神圣意义，按习惯法任何人都不能砍伐，否则会受到惩罚。[③] 这种敬畏自然的朴素观念及保护自然的行为实际上是一种社会规范。所以，环境习惯与民间环境法作为一种社会规范，能够对特定地域范围内的社会主体的环境行为产生约束力。[④] 如在苗族传统社会中普遍存在一种名为"议榔"的社会组织，在其内部经过公认的民间规约被称为"榔规"，其中有不少关于环境保护的规定。虽然这些乡规民约并没有被国家制定法所吸纳，但在调整民间秩序中发挥了重要作用。[⑤] 同样，地处干旱区的青海藏族的部落习惯法在解决天然草场利用不平衡、不合理放牧等方面发挥了较为重要的作用，一定程度上促进了草场的合理利用[⑥]，最终对草原环境起着保护作用。

然而，随着经济的快速增长，生态环境问题日益严峻，这迫使我们重新审视和挖掘传统文化知识体系在当代的价值和意义。而环境习惯法是人们在认识自然环境的基础上形成的一套保护、利用及分配自然资源的民间

[①] Raja Devasish Roy, *Traditional Customary Laws and Indigenous Peoples in Asia*, Minority Rights Group International, 2005, p. 2.
[②] 郭武：《环境习惯法现代价值研究：以西部民族地区为主要"场景"的展开》，中国社会科学出版社，2016，第 20 页。
[③] 方慧主编《少数民族地区习俗与法律的调适：以云南省金平苗族瑶族傣族自治县为中心的案例研究》，中国社会科学出版社，2006，第 280 页。
[④] 田红星：《环境习惯与民间环境法初探》，《贵州社会科学》2006 年第 3 期。
[⑤] 许少美：《少数民族环境保护习惯法的国家表达》，《原生态民族文化学刊》2011 年第 4 期。
[⑥] 鄂崇荣：《民间信仰、习惯法与生态环境——试析青海藏族生态观念对保护草原环境的影响》，《青海社会科学》2009 年第 4 期。

知识，同时还起着约束内部成员行为、维护地方社会稳定的作用。这也是学者们研究环境习惯法的现实价值及意义所在。柯坚认为，当前环境问题面临要处理国际化与本土化、普遍性与地方性的问题，从法律的角度来看如何处理国家法和习惯法的关系问题值得深入研究；同时，人类学通过田野调查方法研究，为比较法法律制度"接地气"提供了手段和知识来源，还弥补了比较法和比较环境法在自身文化底色方面研究的匮乏。① 因此，本文尝试从生态人类学视角，基于阿尔泰山哈萨克游牧民的环境习惯法，探究其在边疆牧区社会经济发展中的现实价值及面临的困境，并试图提出一些思考与建议。

二 哈萨克环境习惯法的生成基础

哈萨克环境习惯法的生成离不开中亚草原干旱区的环境特点。笔者研究的阿尔泰山历来具有游牧民族绝佳的放牧环境，也是中亚古代诸多游牧民族的故乡。因此，历史上的草原霸主都想抢占这一区域，将其作为向哈萨克草原、蒙古高原及东欧大草原扩展的基点。这里曾经生活过很多古代游牧民族，如古代塞人、乌孙人、匈奴人、葛逻禄人、突厥人等。这些古代游牧民族在阿尔泰山区生活的时间非常久远，如早在铁器时代，新疆北部大部分墓葬遗址或墓葬中所见到的多是马、牛、羊骨和与畜牧经济有关的小工具。② 近年来，阿尔泰山南北的考古发掘及研究都证明了这些游牧民族的生计方式以季节性移动放牧为主。

阿尔泰山区居住生活着以哈萨克人为主的汉、回、蒙古等民族，其中大多数哈萨克人至今仍然保持着"随季节迁徙"的游牧生活。因此畜牧业长期以来不仅是当地经济的主体，也是哈萨克农牧民主要的生计方式和经济生活的来源。即使有一部分牧民陆续在河谷地带定居后从事农业，他们也并没有完全放弃游牧，农业仍然依附于牧业。牧区农业还是一种粗放式的耕作方式。在哈萨克人的农田里，农民们无法辨别"杂草丛生"的耕地里到底种植的是哪一种农作物。因为在哈萨克人的习惯法里没有"杂草"

---

① 武汉大学环境法研究所，http://www.riel.whu.edu.cn/index.php/index-view-aid-10402.html，2017年4月14日。
② 余太山主编《西域通史》（第1版），中州古籍出版社，1996，第30页。

的概念，初春的青草更是被当作生命延续的象征。哈萨克人在日常生活中最忌讳拔草，连两岁的小孩都知道。民间哈萨克人对人最厉害的咒骂方式是拔一把青草面对青天不停咒骂。① 这些习惯法源于哈萨克游牧民所生存的自然环境。

历史上游牧民族生活的中亚草原基本属于干旱半干旱区。江上波夫认为，干旱地带降水量少、温差大、温暖季节短，不宜发展农耕。② 阿拉坦宝力格的研究发现，越是干旱戈壁的中心地带，游牧生活保留的年代越近。③ 如今，哈萨克游牧民生活的阿尔泰山区春旱多风，夏秋短暂，冬季漫长而严寒；降水量少，蒸发量大，气候干燥，也是全国高寒地区之一。降水量随海拔高度的升高而增加。据气温及降水量依次形成的自然景观是：森林、森林草原、草原、半荒漠及荒漠带。④ 地貌特征由高向低依次为山区、盆地、河谷、戈壁及沙漠，同时还依次存在三个气候区。即使同一行政区划内不同地方的气候差异也很大。哈萨克牧民根据地形地貌和季节更替，把放牧区域分为春、夏、秋、冬四季牧场。学者们依据植物学的分类标准把当地草场分成了九大类。⑤ 可见，多变的气候、多样化的地貌和植被特点决定了哈萨克人随季节移动的游牧生计方式。

学术界的"非平衡生态理论"解释了干旱区游牧存在的基本条件。该理论认为，在干旱半干旱区草原，决定生态系统的并非传统的平衡理论（人、草、畜的平衡）所认为的来自放牧的因素，而是更多地受非生物因素（降水等）影响。⑥ 因此，游牧民唯有移动才能在自然资源匮乏的干旱区生存下来。哈萨克游牧民也因此在长期放牧过程中积累了丰富的草原本土生态知识，在此基础上形成了一种约定俗成的环境习惯法，其制约着游牧社会内部成员的行为，维系着游牧社会人与人及人与自然的和谐关系。

---

① 陈祥军：《知识与生态：本土知识价值的再认识——以哈萨克游牧知识为例》，《开放时代》2012年第7期。
② 〔日〕江上波夫：《骑马民族国家》，张承志译，光明日报出版社，1988，第6页。
③ 阿拉坦宝力格：《游牧生态与市场经济》，内蒙古大学出版社，2013，第51页。
④ 新疆地理学会编《新疆地理》，新疆人民出版社，1993，第14页。
⑤ 富蕴县农业区划办公室编《富蕴县农业区划（内部材料）》，1988，第77~80页。
⑥ 王晓毅：《非平衡、共有和地方性——草地管理的新思考》，中国社会科学出版社，2010，第6页。

三 哈萨克环境习惯法的当代价值

(一) 保护草原生态环境

长期生活在草原上的哈萨克游牧民深切认识到自然界各种生命之间的关系,如牧民知道牲畜为其提供衣食住行所需的一切,而牲畜又以水草为食。所以,"人(牧民)、草(草场)、畜(牲畜)"的互动关系贯穿整个游牧过程。在四季更替、南来北往的游牧过程中,牧民也深深体会到对自然万物的依赖之深,并认为自然界里的万物都由各自的神灵支配。因此,在日常生产生活中,哈萨克人崇拜的自然神有很多,如天、地、日、月、火、山、水、树以及各种兽类、家畜、禽鸟等。这与历史上哈萨克人长时间信仰的萨满教离不开。例如,根据古老的萨满教,哈萨克人所放牧的牲畜都有自己的神灵,绵羊神是薛潘阿塔、马神是哈木巴尔阿塔、骆驼神是奥伊斯衣、牛神是赞格爸爸、山羊神是谢克阿塔等,还有诸如此类的许多神灵。[①] 哈萨克人崇拜自然界如此多的神灵与草原环境的多变性和游牧生计对自然极强的依赖性密切相关。游牧民将与其密切相关的自然现象、动植物等视为神灵,这样人们在敬畏神灵的同时起着保护自然生态环境的作用。也因此,哈萨克社会形成了一套对待自然的态度和规范成员行为的规则及禁忌,即游牧生态观与环境行为。[②]

现实中,游牧生态观的具体表现是牧民对待牲畜和周边水草的珍爱态度。例如,牧民对牲畜照顾得特别精细,像对待家庭成员一样爱护它们。在寒风刺骨、春寒料峭的时节,牧民会给那些怕冷的牲畜做保暖的衣服。草原上所有的生灵在牧民看来都是平等的,并把它们等同于人类的生命,赋予动物和人一样的生命观念和生命体验。这种体验决定了哈萨克游牧民要保护和维系整个草原生态系统中的任何一个生命,同时也揭示出人(游

---

① 贾合甫·米尔扎汗主编《哈萨克族文化大观》,新疆人民出版社,2001,第64页。
② "游牧生态观"是指哈萨克游牧民对待水草资源的整体观,并形成了一种约定俗成和被遵守的社会规范,而环境行为则强调一种建立在游牧生态观基础上的获取和对待牧草资源的行为方式。参见陈祥军《游牧民的生态观与环境行为研究——以新疆阿勒泰哈萨克为例》,《原生态文化期刊》2012年第2期。

牧民）与自然（一切生命体）的依存关系。① 在牧区你会发现，那里的野生动物和鸟类敢于近距离地接触牧民。笔者在牧民定居点亲眼看到，野鸽子在羊圈里筑巢，有时十几只野鸽子悠闲地驻足墙头，没有人去干扰它们、伤害它们，不知道的人还以为是主人家养的家鸽。

田野期间，当问及牧民是如何看待身边的家畜、野生动物、飞禽、水草等生物时，他们总是以谚语、俗语或一个动人的故事来回答。一位老兽医讲，在准噶尔盆地荒漠草原上，梭梭（荒漠灌木）的生长周期很长，凡是有梭梭的地方，其周围的牧草就生长得很好。因为冬天在风的作用下，梭梭周围会堆积很厚的积雪。春天气温开始慢慢升高，梭梭周围的积雪融化速度慢，无形中起到蓄水的作用，其周围水分充足，牧草自然生长得茂密。这为来年冬季牧民的牲畜提供了必要的牧草资源。同时，还有很多鸟儿也喜欢在梭梭里做窝，因为梭梭里牧草茂密，为鸟儿们提供了一个安全繁殖后代的地方。梭梭有"沙漠卫士"之称，它既起着防风固沙作用，也可为牧民家畜提供食物，还是躲避暴风雪的好地方。牧民对草原上很多生命体的了解很透彻，并把它们之间的关系放在整个草原生态系统中加以认识，形成具有游牧特征的生存技能和生态智慧。这恰恰和现代生态学的理念不谋而合，即在一个生态系统中，各个生态因子处于平等地位，共享自然资源。

这些生存技能和生态智慧最终形成保护环境的习惯法。这些习惯法是以浅显易懂的故事、谚语或禁忌的形式在氏族部落及家庭内代代传承。当地流传着很多有关哈萨克牧民与各种野生动物平等相处的故事，基本表达了要善待一切生命的观念，否则必将遭受报应，同时赋予这些生灵一种超自然的力量。类似的案例很多，牧民贾萨提教育孩子的方式给笔者留下很深的印象。他说，野生动物是自然界的一部分，也是食物链中的一员。没有野生动物，自然界是不完整的。在教育孩子时，父母经常会讲这样的道理：如果碰到一棵小树苗，不要折断它，说不定有一天你会坐在这棵树下面乘凉；即使不是你在下面休息，你的羊群也可能在树下乘凉；说不定某一天发洪水时，这棵树还有可能挽救你的生命。即使遇到狼，父母也会告

---

① 陈祥军：《知识与生态：本土知识价值的再认识术——以哈萨克游牧知识为例》，《开放时代》2012 年第 7 期。

诉孩子不要害怕，因为狼的心也是肉长的。狼也有自我保护的意识，除非你对它构成威胁，它才会主动攻击你。一般情况下，狼是不会吃人的。他一再强调，这些看似凶猛的动物，其实并不可怕。所以哈萨克有句谚语："有狼才有健康的羊。"

当地还广为流传着一个关于"白天鹅"的故事。白天鹅与哈萨克的族源传说有关，至今一直为他们所崇拜。哈萨克人视白天鹅为神灵，严禁猎杀白天鹅。以前，在哈萨克的莫勒合部落里，有一个"阿依塔汗"氏族，氏族里有一位狩猎能手。有一年，他从夏牧场向秋牧场转移时，看到天空中南飞的白天鹅正好经过他的毡房。他立刻走进毡房里拿出枪，打死了领头的白天鹅，其他白天鹅在他的毡房顶上盘旋了三天才飞走。三天后，他们全家人都生病了，后来逐渐都死了。在当地哈萨克社会，这种违背习惯法而遭遇痛苦、磨难甚至灭顶之灾的故事还有很多。在他们的生态观念里，破坏草原、森林、动物等生灵的人都被认为一定会遭受神灵的惩罚。

在这些朴素生态观念的影响下，日常行为中形成了很多禁忌，如严禁破坏水源地、严禁猎杀怀孕的野生动物、禁止砍伐单独生长的树木、禁止在草原上挖土等。所以哈萨克有句谚语："不要砍伐单独生长的树，不然你会过一生的单身生活。"可见，这些习惯法里蕴含着一系列保护草原环境的观念，以及一些约束个体行为的惩罚措施。

（二）有效利用自然资源

哈萨克游牧民对待自然万物的态度决定了他们利用自然资源的方式。他们除了众所周知的热情好客外，还是最节俭、最环保和最会利用身边自然资源的民族之一。

在日常饮食中，他们不浪费任何食物，也形成了很多约定俗成的规矩，其中有些规矩就隐藏在日常生活的一些细节中，常常难以被发现。例如，在哈萨克牧区社会，当你进入牧民家里时，主妇会解开一块四方四正的餐布，里面包着很多食物，有很多小块的馕。大家围着餐布坐着，用餐时不丢弃一粒粮食。因此，哈萨克有句谚语，"生前不要浪费麦子、馕（烧烤的面饼），否则死后上天会让你骑着骆驼把麦子一粒一粒捡起来"。对一般人而言，骑着骆驼捡起地上的麦子简直是不可能的，这实质上就是对浪费粮食的人的惩罚。① 干旱区草原上，粮食来之不易，牧民几乎不生产粮食，传统时期粮食大都通过与外界交换而来，有时可能还要通过战争才能获得。另外，哈萨克人吃馕时一定要掰成小块吃，最忌讳拿着整个馕啃着吃。他们对粮食倍加珍惜，只有团结一致，才能保证人人都有饭吃，才能共同抵御各种不确定的灾害或灾难。这里还体现了"食物的共享原则"。这种节俭和共享食物的饮食方式本身就是对自然资源贫瘠的干旱区环境的一种适应和有效利用。

同样，在干旱区牧民如何获取及有效利用平日里烧茶、煮肉及取暖所需的燃料就显得很重要。牧民的四季牧场地理环境差异很大，不同牧场可利用的燃料也很有限，尤其是地表植被分布稀疏的准噶尔盆地荒漠草原。燃料的获取和利用方式也最能体现哈萨克社会的环境习惯法。

哈萨克牧区牧民一年四季使用最多的燃料是牛羊粪，但其一般要经过晾晒风干后才能用作燃料。这也是干旱区草原地带所有游牧民族中普遍存在的一种资源利用方式。牛羊粪在春秋牧场的利用率最高。茫茫戈壁草原上植被稀疏，灌木也很少，牛羊粪便成了牧民最好的燃料。牧民根据牛羊粪的特点及不同的放牧环境和牧业生产环节而选择用羊粪还是牛粪。例如，在季节牧场之间转场时，一般都会使用牛粪，因牛粪晾干后成天然成块状，便于携带。也有牧民在转场时携带羊粪，但要经过羊群长时间踩踏，切成块状风干后方可携带。羊粪普遍使用在冬季牧场及居住比较久的营地。牛粪作为燃料使用的区域范围相对较广。

牛羊粪各有各的优点，但大部分牧民更喜欢羊粪。他们认为羊粪的用途最多，除用作燃料外，晒干后又是冬季牲畜棚圈里最好的保暖材料。哈萨克社会的萨满一般用羊粪蛋占卜和算命，还可将其当作一种传统牧羊人游戏的棋子。牛粪的实用性范围也很广，牧民把它涂在小树苗上，可以保护其不被牲畜吃掉。所以，哈萨克游牧民并不把牛羊粪看成"脏"东西，而是生活中的宝物。如今，即使牧民定居了，房前屋后的牲畜棚圈周围还堆放着一堆堆牛羊粪。牧民通过牲畜间接利用水草资源，使干旱区有限的资源物尽其用，既保护了树木不被砍伐，又实现了废物的循环利用。

---

① 陈祥军：《游牧民的生态观与环境行为研究：以新疆阿勒泰哈萨克为例》，《原生态文化期刊》2012 年第 2 期。

即使在林木茂盛的夏季牧场，牧民一般也不砍伐树木，而是去捡拾枯枝。所以在夏季牧场，妇女出去捡柴火只需一根绳子即可，从来不会带斧头。农耕社会的很多文字作品里是去"砍"柴，而在牧民语言里是去"捡"柴，一字之差，体现的是不同的环境行为方式。因为按照哈萨克习惯法，活着的树木是不能砍伐的，即使要砍，也不能砍断树木的主干，因为其来年还会生长出新的枝条。这样才能保证资源的可持续利用。

哈萨克社会最宝贵的自然资源莫过于草场，在气候变幻莫测的干旱区有效利用草场是牧民能够生存下去的基础。哈萨克有句谚语，"草场是牲畜的母亲，牲畜是草场的子孙"，可见草场在其社会是多么重要。那么在牧业生产中如何划分草场的"放牧单位"就显得很重要。放牧单位一般是以牲畜的"群"来计算的。"群"既是一个计算牲畜数量的单位，也是衡量牧场承载牲畜和人口能力的单位。牧民对此有自己的一套衡量标准。他们喜欢用"圈"来称呼放牧单位。各个"圈"沿用传统习惯，以山脊、沟谷、河流、道路为自然界标，以能够容纳至少一群羊采食一季的放牧范围为基础。这就是牧民对一个牧场放牧单位的理解。一个"圈"可能有两三个放牧单位（羊群），也可能有四五个放牧单位。每个"圈"都由放牧经验丰富的老人估算出可容纳羊群数量及大致的放牧时间。因此，牧民以放牧单位作为衡量牧场承载牲畜和人口能力的计量单位，以此为基础又把四季牧场分成若干个放牧点，目的是合理有效地利用有限的水草资源。

随季节移动放牧本身就是为了长久地利用牧草资源。草原是游牧业的基本生产资料和游牧生计存在的基础。有效利用草原的知识实质上是哈萨克游牧民对土地（草原）的一种利用方式，也是本土知识的一种表现。游牧民根据水、牧草、气候、季节等多变性的自然条件，以移动放牧来利用草原，并积累形成了一套复杂精细的环境习惯法贯穿于游牧生产生活的各个方面。

哈萨克环境习惯法的当代价值除了体现在保护生态环境和有效利用自然资源上以外，还可看作现代环境法的发源基础。由于我国环境法大都建立在现代西方科学技术基础之上，所以"从严格意义上讲，我国环境法基本原则并不完全是依据我国环境法律文本归纳和推导出来的，而是学习和借鉴国际、外国环境法的理论和实践成果的产物"①。但现实的中国社会非常之多元,每个民族的历史传统、社会文化、宗教信仰及生态观念都不一样,而现代环境法的一元构想或设计遮蔽了多元化的社会或地方特点。因此,环境习惯法根植于地方社会传统有着广泛的群众基础,可以作为沟通和连接现代环境法与地方社会的纽带。所以,现代环境法可以借鉴地方环境习惯法,把其作为补充和完善制定法的源泉,从而提高现代环境法在实践中的实效。

四 哈萨克环境习惯法的现实困境

哈萨克环境习惯法同其他民族传统文化一样,在现代化及市场化进程中也遭遇了一系列的问题及挑战。例如,从20世纪90年代中期开始,在市场经济的刺激下,牧区越来越多的自然资源(包括森林、草场、牲畜、野生动物等)被不断地开发出来,并赋予了"资本"的概念,且都可以用金钱来衡量其价值,所以草原上外来的"入侵者"也越来越多。② 这对哈萨克社会的环境习惯法造成了很大冲击。在国家西部大开发、发展地方经济的行动中,以及在提高牧民收入的刺激下,森林、草场、河流及埋藏于草场地下的矿产资源被陆续开发,而哈萨克环境习惯法严禁这种破坏草原的行为。在牧民看来这就是犯罪,是要遭报应的。然而现实中,这些破坏环境的行为并没有得到一定的阻止或惩罚。这对哈萨克环境习惯法的冲击很大。

老人们发现,如今牧民对待自然环境的态度发生了变化,因为有些人已不在乎民间禁忌及传统宗教的约束,而开始肆意砍伐树木。传统哈萨克社会有很多民间禁忌对破坏环境的行为有很强的约束力,如严禁随意砍伐树木,尤其是河谷里的树木,他们知道这些树木对保持河谷水土起着重要作用,所以哈萨克人总结,"牲畜点缀着草原,树木点缀着河流"。过去,当牧民砍伐了树木、破坏了草场、伤害了野生动物后,都会有一种负罪感,因为他们相信得罪了这些神灵会给自己带来灾难。但现在很多年轻人已不相信老人们的这些教诲,所以如今牧区破坏草场及林木的行为时有发生。

---

① 柯坚:《环境法原则之思考:比较法视角下的共通性、差异性及其规范性建构》,《中山大学学报》(社会科学版) 2011 年第 3 期。
② 陈祥军:《本土知识遭遇发展:游牧生态观与环境行为的变迁:新疆阿勒泰哈萨克社会的人类学考察》,《中南民族大学学报》(人文社会科学版) 2015 年第 6 期。

受此影响，哈萨克社会老人的权威也在不断下降。在传统哈萨克社会，老人是知识和经验的象征。传统知识一般都是由知识经验丰富的老人传授给年轻人。老人对待周围自然环境的态度，自然会传承后代并影响着本社区的所有成员。老人权威下降也表明哈萨克社会环境习惯法约束力的减弱。青少年违规行为主要表现为对野生动植物的伤害，如一些外来人口唆使年轻人（包括在校学生）去抓野兔、野鸽子、毛腿沙鸡等"野味"，并以很低的价格收购。当地牧民讲，这要是过去，只要老人出面制止，年轻人很快就会停止这些违规行为。可见，草原上老人权威对地方社会的社区成员行为起着监督和约束作用。

除了受到市场经济的冲击外，国家法的非延续性或不稳定性对哈萨克环境习惯法的影响也很大。狩猎业在哈萨克社会具有悠久的历史，很长时间以来也一直是牧业的一种补充。在长期的狩猎活动中，哈萨克猎人除了拥有丰富的狩猎技术知识外，也形成了狩猎规则，如严禁猎杀怀孕的母兽，严禁猎杀被赋予神圣性的动物。例如，"狼"在哈萨克社会一直被认为是一种神圣的动物，一般是不能轻易猎杀的，它不仅可以保佑人的灵魂，还可以消除牲畜的疫病。按照哈萨克的习俗，狼皮挂在毡房里是主人地位的一种象征。直到今天，这种习俗仍然存在。但自 20 世纪 50 年代初起，在"保护集体财产"和"除害"的宣传下，牧区从上到下掀起"打狼"运动。阿勒泰富县史志办记载："上世纪六十年代初，冬牧场的狼和夏牧场的熊对牲畜伤害特别严重。为了保护集体的牲畜，牧民想尽了防范办法。针对这一严重情况，上级部门决定给每一个牧业队配一支枪并组织工作队深入牧区，对付狼和熊的危害。"[1] 地方政府在宣传上视打狼为一种英雄行为。在这种强大外力的作用下，狼在牧民中原有的"神圣性"被"危害性"所代替[2]，这对原有的环境习惯法是一种具体的冲击。随着时间的推移，牧民对待野生动物态度逐渐发生变化，传统环境习惯法对其约束力日益减弱。这也为日后草原环境的恶化留下了隐患。

从 20 世纪 80 年代末开始，随着《野生动物保护法》的颁布实施，很

---

[1] 富蕴县政协文史资料编辑委员会编《富蕴县政协文史资料第二辑（内部资料）》，2008，第 96 页。

[2] 陈祥军：《阿尔泰山游牧者：生态环境与本土知识》，社会科学文献出版社，2017，第 232 页。

多野生动物都被列入禁止捕猎的名单。草原上的狼经过公社化时期的大量猎杀，数量锐减，如今也是国家级的保护动物。此外，草原上的各种"鹰"，如苍鹰、金雕、草原雕、猎隼、秃鹫等猛禽也都被列入《国家重点保护野生动物名录》中。但在哈萨克社会，鹰猎文化的历史非常悠久。哈萨克人认为鹰是神鸟，是正义、勇敢、威武的化身，同时他们有一整套养鹰、驯鹰及捕捉猎物的本土知识。在游牧生产生活过程中，鹰猎不仅是哈萨克人的一种娱乐活动，也是一种健身活动。它给牧民带来经济效益的同时，也在促进社会交往、增进亲朋好友及邻里情感等方面起着重要作用。[①] 笔者在阿勒泰遇到一位出身鹰猎世家的老人，他 18 岁开始养鹰，如今已 90 多岁。人民公社时期，地方政府还让他的鹰去猎捕野生动物上交给供销社，并根据猎物种类及数量算工分。2008 年左右，地方林业部门没收了他养了十几年的鹰，并告知老人他养的鹰是国家保护动物。老人非常伤心，他还希望把这项祖祖辈辈流传下来的鹰猎文化传给后代。后来听说老人的猎鹰放归荒野后没多久就死了。牧民讲，猎鹰一旦离开主人很难活下来，它也不会吃陌生人给的食物。

这就是法律的一元设计与多元现实之间的矛盾，即《野生动物保护法》在设计时是否考虑到那些承载于某些野生动物身上的民族文化。就像生活在东北大兴安岭的鄂伦春族，为保护野生动物的禁猎法规或政策直接导致其狩猎文化的逐渐消失。或许，国家法虽然暂时解决了一些问题，但同时又引发了其他问题。在实施过程中难免会顾此失彼，其原有的规范实效性会大大降低。这主要是由于在快速"现代化"的发展进程中，国家法忽视了本土文化资源，加之国家法的非延续性和不稳定性，使得习惯法尤其是环境保护习惯法与国家法之间冲突不断。妥善解决这一问题，对于全面认识哈萨克游牧文化、维系游牧民和草原生态的发展都起着重要作用。

五 结论

哈萨克环境习惯法产生于生态环境极其脆弱的干旱半干旱草原地带。游牧民何以在历史的长河中持久地生活在这片干旱地带，传统的环境习惯

---

① 哈依沙尔·卡德尔汗：《猎鹰与鹰猎：哈萨克族游牧民关于鹰的本土知识》，《北方民族大学学院》（哲学社会科学版）2017 年第 3 期。

法对于维系"人（牧民）与自然（草原）"的平衡起到了重要作用。这些环境习惯法建立在哈萨克牧民对自然深切认识的基础上，并历经长久的历史积淀已深深渗透到他们的思想观念及日常生活行为当中。它是当地哈萨克社会共同认可和遵守的准则，牧民在法律实践中的思考、判断、取舍大部分情况下都受其影响。

由于国家法律拥有国家强制力，又有一整套执行机构，因而在哈萨克游牧民看来，这种法律无疑是强大的。但现实中，尤其是对中国这样一个复杂、多元的社会，不同民族或地域都存在自己的一套规范制度。因此，习惯法（包括环境习惯法）在实践的过程中，势必与国家法律（包括环保法）存在冲突。基于两种文化系统之上的国家法和习惯法在不少情况下表现出不一致甚至对立的一面。为了避免法律实施后的"水土不服"，在国家立法过程中参酌民间习惯法的实例很多，比如民国立法时曾进行了长达数年的民间习惯法调查。[①]

所以，法律无论怎样制定，都无法离开社会、人以及文化这三个关键要素所构成的整体。不同时期、不同地区的法律或习惯法都是社会所需要的，也是由文化决定的。中国各地自然地理环境差异很大，生计方式多样，民族生态文化丰富多彩，自然也产生了很多环境习惯法。地方文化、传统知识或宗教信仰是人类对自身生存环境的认知体现，对于我们当代文明和法律发展都是一种启示。作为中国本土文化的载体与符号，环境习惯法承载着方法论解释和社会规范的重要功能，因而极大地补充和拓展了环境制定法的功能。因此，在法制现代化进程中，我们应当要考虑国际化与本土化、普遍性与地方性等因素，更要考虑不同文化群体背后的价值冲突。

---

① 李可：《习惯法与国家法》，载公丕祥主编《法制现代化研究（第十卷）》，南京师范大学出版社，2006，第237页。

黔东南苗族村寨传统景观布局所体现的生态文化基因

林　晨　龙春林[*]

摘　要：贵州黔东南苗族侗族自治州作为当今中国规模最大、分布最集中的苗族原始聚落，是孕育苗族传统文化及其衍生人文景观的天然摇篮。苗族在其发展历程中不断迁徙、与艰苦的自然环境做斗争，锻造了独具特色的山地文化和生态意识，这些文化传统与当地的气候条件、地理环境、社会背景相交融，呈现为苗族聚落的仪式、建筑、生产方式等。本文在基本了解苗族的历史发展背景、黔东南地区的气候及自然地理状态的基础之上，首先对苗族人居住宅的分布特征进行简要的概括介绍；其次围绕黔东南苗族的稻萍鱼鸭产业模式介绍其生产空间和农业劳作的分布格局；最后联系当地人的山水崇拜和信奉祖先神灵的文化背景，介绍由此形成的一系列公共空间在仪式中的应用和影响力。综合上述方面，初步讨论黔东南传统村落景观所体现的生态文化基因。

关键词：黔东南苗族聚落　传统景观　仪式空间

序　言

苗族属于蒙古人种南方类型，其祖先可追溯至中国上古时代规模较大的九黎部落联盟。九黎部落联盟与黄帝部落同兴起于姬水，后因战败向西南迁入长江中游地带形成"三苗国"，"三苗国"被尧舜禹三代不断征伐

---

[*] 林晨，中央民族大学生命与环境科学学院硕士研究生；龙春林，中央民族大学生命与环境科学学院教授。

而逐步瓦解，余下的主要部分被迫南迁进入贵州、湖南、云南等地的高山峡谷之中。① 其中，贵州黔东南地区素有"苗疆腹地"之称，拥有现如今规模最大、保存最为完好的苗族原始聚落。本文聚焦黔东南地区苗族传统村落的景观布局，结合前人的研究成果，从生态文化基因角度进行梳理，探讨传统聚落在形成、发展过程中与自然环境及其衍生的生态文化相辅相成的深厚联系。

一 依山而建、以林为背、以水为臂的聚落构架

贵州黔东南苗族侗族自治州地形以山地、丘陵为主，地貌为喀斯特岩溶地貌。该区的苗族聚落主要集中于雷公山及其南部的月亮山腹地一带。作为长江水系与珠江水系的分水岭，雷公山山险谷深，地形崎岖复杂，主峰海拔2178.8米；月亮山地区则位于榕江、从江、荔波三都交界，属于苗岭九万大山山系。② 山高坡陡的自然地理特征配合亚热带湿润季风气候形成了当地垂直差异明显的气候分带、干湿交替的气候格局以及丰富的野生动植物资源。与此同时，当地降水充沛，气象灾害也较为频繁。基于上述地理特征，当地交通闭塞，经济发展水平不高，间接保护了传统的文化体系和原始的聚落特征及生活方式。

如前所述，艰辛的迁徙历史和独特的山地环境对苗族聚落的分布及其内部格局产生了深远影响。依托上述自然环境，同时考虑到耕地的稳定性和与周边族群关系的安全性，苗族聚落顺应山水格局，紧凑均匀而错落有致地分布在群山环抱之中，其多数选址在地势险峻的半山腰背山面水的阳坡一侧。其形态具体可分为两种：位于山脊之上向周围离散呈外凸形的展开状态，位于山坳向内汇聚的向心分布。③

苗族聚落整体架构的最鲜明特点是以密林为背景，倚山脉为基底，沿河流定点依水而居，形成"山-林-村-田-水"五素同构的空间体系。苗族人相信祖先"蝴蝶妈妈"是从枫树心中生出来的④，因此，他们自古就对森

---

① 陈碧云：《浅谈苗族迁徙历程》，《长江丛刊》2020年第8期。
② 周政旭、严妮：《乡村景观遗产视角的黔东南苗族聚落特征与价值分析》，《原生态民族文化学刊》2020年第2期。
③ 杨鑫：《因地之名：黔东南地区苗寨侗寨文化景观比较研究》，《华中建筑》2015年第3期。
④ 胡卫东、吴大华：《黔东南苗族树崇拜调查与研究》，《原生态民族文化学刊》2001年第3期。

林怀有敬畏,迁居一地往往以枫树是否在地成活为标准。成片的林地位于山顶,被称为风景林、寨神林(又名风水林),村落依偎在林下,梯田靠近河谷,水系作为村寨的"生命线"贯穿其中:溪流线性流动环绕村寨,水渠沿着田埂网络分区,水塘面状静止穿插民居,水井点状分布参差其间。聚落的具体架构模式主要有三种:河道两岸分布农田,再向外的山坡一侧分布聚落,如德朗上寨;河道两岸分布聚落,聚落和山坡之间的空地分布农田,如西江苗寨;河道两岸一侧分布聚落、一侧分布农田,如报德苗寨。总的来说,山、林、水三大要素不仅是苗族聚落的主要依托,更为其带来重要的生态价值,同时为苗族人民提供了传统的生产生活资料。[①]

二 浑然天成的生活空间——吊脚楼及街巷的自然分布格局

传统乡村的聚落并非像城市一样在某一特定的时间段集体建造,而是以家庭为单位,按各自需求逐步完善形成的。这一特征造就了整体上集中分布、内部则松散且多样的苗族传统聚落架构。苗族人的生态意识则体现在聚落的形态和边界上[②],苗族自古以来就有"万物有灵"的生态观念,因此在聚落的选址和扩建中都时刻注意尽量不破坏周边草木和山体的原貌,使之呈现融于自然的布局和沿山坡分布的态势。无论聚落向哪个方向发展,其边界都与自然景观形成柔和的过渡。草木渗透进层层叠叠的吊脚楼中,院落道路也有自然的点缀。

(一) 灵活的吊脚楼

苗族聚落中的吊脚楼是我国典型的干栏式建筑,"苗寨吊脚楼营造技艺"在2005年入选第一批国家级非物质文化遗产。当地人把吊脚楼俗称为"楼房"或"半边楼",位于雷公山德朗上寨的半干栏式苗族民居代表了这类建筑形式的最高水平。[③] 干栏式建筑产生于湿润气候下躲避野兽的双重自然需要。最显著的特点是底层镂空,柱子作为支架支撑起二层的房屋台面。其中干栏式房屋是全部架空;半干栏式房屋是前部架空,后部房屋与地面

[①] 谢荣幸、包蓉、谭力:《黔东南苗族传统聚落景观空间构成模式研究》,《贵州民族研究》2017年第1期。

[②] 蒋维波:《贵州黔东南地区苗族村寨空间形态研究》,中央美术学院,硕士学位论文,2013。

[③] 王乐君:《黔东南苗族聚落景观历史发展探究》,北京林业大学,博士学位论文,2014。

平齐并落在坡面上。相比之下，半干栏式的房屋更适合山地结构，达到防潮目的的同时，能够减少对土地的破坏，同时空间灵活，方便出入。[1]吊脚楼整体呈一字形。方志记载的"苗人喜楼居，上层蓄谷，中层住人，下为牲畜所宿"精准描述了这一功能构造。

吊脚楼的灵活性主要在于步梯。吊脚楼的步梯呈模数化，可以按具体需要按规律改变其数目，每步的长度和高度也能按比例自由伸缩。[2]这就使得吊脚楼不论是面积，还是进深和高度，都能根据实际情况改变，从而为吊脚楼的扩建、改建提供便利。

（二）鳞次栉比的住宅架构

从空间的垂直格局来看，以家户为单位的住宅基本位于同一高程，而不同的门户之间高程各有不同。有的住宅只需要几步阶梯或短暂的坡道就可以连接；有的住宅却相差数米，需要石砌的台阶来跨越。[3]人们的日常交往和生产资料的采集劳作等户外活动都在这样的空间中进行。高低错落的空间格局下，时而上行仰视，看到深绿色密林背景中褐色的吊脚楼和层层白色台地石阶；时而下走远眺，看到黛青色远山背景中灰绿色的吊脚楼顶和台阶的平面，丰富的视觉景观带来了多样的空间感受。

（三）叶脉形态的街巷延伸和寨门边界

随着住宅的逐步扩建，街巷也以住宅为节点展开连接，虽缺乏整齐划一的规划，却造就了巧夺天工如叶脉般的分布形态。学者蒋轲认为其具体可分为以下三种类型。第一种是平行叶脉的街巷。主要针对等高线规则、村落沿主干道向两边平均分布的格局。第二种是羽状叶脉的街巷。主要针对等高线与道路有交叉、地形较为复杂、住宅众多且支路分布到户的村落。这两种街巷类型分别主要分布在山脚和山腰。第三种是网状中心叶脉形态的街巷，其更多出现在山顶密集、逐步向下辐射状展开的村寨。值得一提

---

[1] 刘贺玮、杨逸舟：《黔东南苗族传统民居营建技艺与礼俗》，《民艺》2018年第5期。
[2] 陈波、黄勇、余压芳：《贵州黔东南苗族吊脚楼营造技术与习俗》，《贵州科学》2011年第5期。
[3] 周政旭、孙甜、钱云：《贵州黔东南苗族聚落仪式与公共空间研究》，《贵州民族研究》2020年第1期。

的是，为尽量缓解黔东南地区多降水易使吊脚楼木质材质受潮腐蚀的问题，吊脚楼的屋顶出檐一般较大，使本就狭窄的街巷形成上方几乎闭合的顶面。① 此外，许多陡坎被建造以适应陡峭的山体结构，是街巷道路的重要组成部分。

村落外缘除寨门外与自然无明显边界。过去，苗族先民用荆棘灌木当作寨门，如今寨门更为木制门楼形式。作为进出村寨的关口，寨门还具有防灾避邪御鬼的象征性意义。比如"秧门"就与春耕的序幕联系密切。每年插秧之始，村中的"活路头"会先"秧门"完成祭祀，春耕才正式打响。②

（四）源于自然、融于自然的景观塑造

将苗族聚落称为自然的分布格局，不仅源于其空间位置和自然高度配合，更因为苗族聚落的建筑和街巷都取材于自然，颜色上也与自然协调一致。其中，吊脚楼是以杉树和枫树为主搭建的，屋顶通常由青瓦、杉树皮和芭茅草铺盖，屋内的木质隔断还用芦苇编成的芦席和竹子作为维护的材料，地基常取材于沿溪的块石铺垫；在街巷空间中，溪流中的鹅卵石、条石和青石板是主要的铺地石材，道路旁的阶坎也用石头砌成；以远山中的乔木为背景，近村的灌木和蕨类为点缀，进一步丰富了不同高层的住宅和街巷。聚落整体也基本处于同一色系，建筑以黄褐色为主，随时间推移加深为灰褐色，屋顶的青瓦和杉树皮是灰绿色，街巷因不同石材的不同灰度而产生明暗变化，整体处于深浅不同的绿色背景中。

三 人与土地的联系——稻萍鱼鸭复合农业生态系统、禾晾及粮仓

梯田是苗寨最主要的生产空间，尽管旅游业几乎覆盖了整个黔东南地区，但大部分原住民仍维持着自给自足的梯田小农经济模式。苗族作为稻作文化的民族，在黔东南山区因地制宜开发了独特的山地梯田耕作模式——稻萍鱼鸭复合农业生态系统。

---

① 蒋轲：《黔东南苗族聚落文化景观研究》，中央美术学院，硕士学位论文，2017。
② 郭庆国：《传统聚落"原风景"研究——以黔东南苗族聚落探索现代地域景观设计》，重庆大学，硕士学位论文，2008。

苗族聚落的梯田大都选在山坡上较为平坦的地域。尽管不同村寨的具体选址条件不尽相同，但都符合两个重要条件：既要靠近居住区方便耕作，又要靠近河岸保证水源。村民们通常会在田埂之间挖渠开沟，形成肥料和水源的灌溉体系。根据梯田与住宅区的远近，可将其分为三类：靠近居住区的内部梯田，主要是以家庭为单位的小规模作业；住宅区和河岸之间的梯田，规模更大，同时满足了耕作的便利和取水灌溉的方便；而更大规模的梯田往往位于附近的山坡上，便于进行集体工作，是较为完整的梯田景观。根据梯田的形态和分布，又可将其分为坡田、冲田、坝田：坡田顾名思义，是指位于山坡的带状梯田；冲田位于山沟，山涧流水是主要灌溉水源，土壤温度相对较低，因此这类梯田对地理位置的选择要求更高；坝田位于河谷冲刷的平坝地带，耕地面积和水源条件都更为优越。[①] 梯田的最主要任务是种植水稻，但又不只是简单地栽秧、收割，而且是经营一个复合生态系统——"稻萍鱼鸭农业生态系统"。村民们在栽秧之时将鱼苗投入水田，待鱼苗长至两三寸长时将鸭苗入田。鱼和鸭一边为稻田清除害虫和杂草，一边排泄出促进水稻生长的优质肥料。稻田中的浮萍既能够吸收稻田中因生活用水灌溉等带来的过量氮和磷，又能净化水质，避免周围湖泊、河流引发水华现象。除此之外，利用浮萍完全覆盖稻田水表面还可以降低稻田的水分蒸发，减少稻田对水量的需求。在这样的循环之下，稻萍鱼鸭农业生态系统内的物流、能流依次增强，各营养级充分利用所需资源，增强了农业系统整体的稳定性。

需要指出的是，稻鱼鸭共生系统中的稻、鱼、鸭不是天然形成的品种，而是当地人民在长期生产生活实践中选育的适应上述农业生态系统的特殊品种，体现了生态学中"适者生存，优胜劣汰"的原理。时间上的生态位安排更是智慧的产物，稻、鱼、鸭本是相克的物种，要把它们编织进一个人为的系统中，就要尽量让它们相生。因此，根据水稻、鱼和鸭自身生长特点和规律，选择适宜的阶段分批进入，可以促进其和谐共生。这种古老的经营模式造就了当地传统农业系统中极为丰富的农业生物多样性，特别是糯稻品种的多样性。[②] 这种传承上千年的生产方式，被认为是古老农耕文

[①] 杨鑫：《因地之名：黔东南地区苗寨侗寨文化景观比较研究》，《华中建筑》2015年第3期。
[②] 贺建武：《黔东南农业文化遗产地"稻花鱼"资源利用的传统知识研究》，中央民族大学，博士学位论文，2020。

明的活化石。另外，禾晾及粮仓也是传统苗族村寨生计安全的重要保证。其中，禾晾往往选址在通风良好的开阔地带，可以在村寨中集中分布，也可以安置在村寨周围的溪流、道路旁边。粮仓散布与民居或集中分布，甚至直接驾于水塘之上（如新桥村）①，达到防火和避鼠患的双重目的。

四 人与山水的联系——以鼓藏节、招龙节、路桥文化为典型代表

由于苗族没有文字，其生态观念大多依靠言传身教世代传承，这种口头传承亦演化出神话传说、古史古歌、宗教习俗、村规民约、祭祀仪式、谚语歌谣等丰富的形式。而其发生的场景主要集中于具有特定象征意义或仪式感的空间。

（一）鼓藏节串联"藏鼓岩—芦笙坪"

如前所述，苗族人相信先祖"蝴蝶妈妈"是从枫树心中生出来的，因此他们便将枫树掏空中心做成鼓，视铜鼓为祖先。②当地最著名的节日鼓藏节的核心主题就是祭祀祖先，鼓藏节按传统历法每13年过一次，每次过3年。仪式过程以鼓社为单位，第一年醒鼓，第二年立鼓，第三年送鼓。

首先，鼓社的成员要从藏鼓岩取回木鼓，藏鼓岩大多安放在村落外部正东方向的隐秘山洞，因为苗族人相信东方代表祖先迁徙而来的方向。仪式的序章是由鼓藏头带领10个左右的助手按规定的方向前进，逢沟遇河便搭桥，将鼓从藏鼓岩抬回村寨，这一路走来相当于在空间上回溯了祖先翻山越水迁徙至此的过程。抬鼓的队伍进入村寨后把鼓安置于村中心的芦笙坪，由头领开始举行下一个仪式——接鼓入场。村民们也穿上节日盛装，从四面八方汇聚于此，绕场一周跳起欢乐的芦笙木鼓舞，这个过程持续将近一周。③在最后一天，未婚的青年男女也会在芦笙坪进行交际活动。芦笙坪作为村民日常交流节日庆典和祭祀活动的主要场所，具有相当重要的地位和神圣的意义，被当地人称为连接祖先和后代的场所，可以说是苗族聚

---

① 周政旭、孙甜、钱云：《贵州黔东南苗族聚落仪式与公共空间研究》，《贵州民族研究》2020年第1期。
② 胡卫东、吴大华：《黔东南苗族树崇拜调查与研究》，《原生态民族文化学刊》2001年第3期。
③ 王清敏：《论黔东南苗族传统节日的文化精神》，《贵州文史丛刊》2010年第3期。

落的"精神中心"。其位置往往选在村落中心的平整空地,地面采用卵石铺成仿照铜鼓面的各类花纹同心圆,圆心处竖起一根用来挂鼓的杉木或铜柱,柱上雕刻鱼、牛等图腾纹饰。

(二)招龙节串联"招龙坪—风水林—祭祖台—铜鼓坪—街巷"

在招龙节这天,巫师带领招龙队翻山越岭,每到一处山顶就取一处土,吊一张白纸条,吹一曲芦笙,直到在村寨后方的主峰集合开始举行祭祀仪式。① 接着再将队伍分为四支分别向东西南北四个方向挺进,到合适的目的地举行同样的仪式。最后,各队伍汇聚到招龙坪,围绕铜鼓跳铜鼓舞。舞蹈结束返程回村的路也有讲究:先用鼻孔穿麻绳的公鸭作为向导带领人们一路沿山梁前进,经风水林和祭祖台到达村寨中央的芦笙坪。在芦笙坪,巫师将铜鼓挂在中央,将取自山顶的泥土倒在上面,开始祭祀仪式。第二天,由巫师带头,引龙助手抬着鼓紧随其后,沿街巷到达各家各户祭祀,结束后回到芦笙坪跳铜鼓舞,该过程持续多日。由于招龙节穿插了不同的时空序列,形象和意义就更为复杂。其中,从各个方向的高山取得的泥土代表了四方的神灵,经山林和河流来到村寨中央,接受所有村民的朝拜,祈求来年风调雨顺。② 通过上述仪式,四周的神灵和村内的人民构建了连接,"村寨世界"的内外连通起来,进而影响了村民对村寨及周围山水空间的整体认知。

(三)路桥文化的形成

大多数苗族聚落都有井然有序的路桥结构,路和桥不仅是对外联络的通道,更在其文化内涵中扮演着重要角色,这主要源于苗族长期的迁徙历史。在不断的战争和长时间的迁徙过程中,苗族人口急剧下降,这让苗族人对于繁衍子孙、延续种族的愿望愈加迫切和强烈。迁徙之路上,苗族每跨过一道沟坎,就意味着生存的希望和种族的延续又多了一丝曙光。因此,路、桥代表了延伸和接续。③ 这种路桥文化和苗族的万物有灵、祖先神灵的

---

① 阿土:《苗族招龙节》,《贵州民族研究》2013年第2期。
② 蒋维波:《贵州黔东南地区苗族村寨空间形态研究》,中央美术学院,硕士学位论文,2013。
③ 王清敏:《论黔东南苗族传统节日的文化精神》,《贵州文史丛刊》2010年第3期。

世界观相结合而具有信仰属性，苗族人民认为路和桥能带来福气，甚至出现具有象征意义的桥如"求子桥""保命桥"。村落中有人身体抱恙或久婚不孕时，也试图通过修桥来获得生命的安康和子孙的延续。以朗德上寨的风雨桥为例，该桥共由40座小桥组成，可以提供上百人的休息空间，造桥的选材包括石块和山林中的木材（如杉树、枫树），桥体路面主要由石条铺成人字形。造桥也有一整套的程序，需要巫师亲自选择材料，烧香画纸，逢年过节或者遇到灾害事件的时候，人们都要祭桥，每年的农历二月初二更是称为祭桥节。[1]

五 结论

黔东南苗族聚落形态及其形成的价值因素中，自然是载体，文化是动因。这一点不仅体现在村寨的选址和建造过程中，还体现在以共生为基础理念建立的稻萍鱼鸭农业生态系统，以及由节日和祭祀仪式串联起的自然景观和公共人为景观。正是因为苗族人民对自然的谦卑、勤劳的品质和生态的智慧，才有了流传千古的文化和生生不息的苗族村寨。

---

[1] 杨东升：《论苗族古村落"路"、"桥"生命文化的发生》，《云南民族大学学报》（哲学社会科学版）2011年第6期。

四川升钟水库建设者的口述史研究*

王　丹　姚巨容　肖友楠**

摘　要：20世纪70年代四川升钟水库动工修建，这是中华人民共和国成立后四川修建的大型水库，也是西南地区又一治水兴川的重大工程。在走访升钟水库这一水利工程亲历建设者的基础上，本文从口述史"述、记、传、录"的角度，收集整理了一批基建统筹、人物事略、移民工程、发展现状等方面的珍贵文献，在一定程度上填补了升钟水库建设相关历史资料的缺失。

关键词：升钟水库　基建统筹　生态移民

序　言

毛主席很早就提出了"水利是农业的命脉"论断。新时代下，习近平总书记指出："要想国泰民安、岁稔年丰，必须善于治水。"[①] 可见，兴修水利对国泰民安的重要价值。四川南充百年水利建设首推升钟水库。

升钟水库位于四川省南充市嘉陵江支流西河中游，坝址在南部县升水镇碑垭庙。南部县是川北老旱区，十年九旱，历来粮食不能自给，人畜饮水困难，地需水，人盼水，苦不堪言，当地人民群众对兴修大型水利工程期待已久。升钟水利工程是在党中央、国务院大力支持下，在四川省委、

---

* 本文系四川省社会科学重点研究基地民间文化研究中心科研项目（项目编号：MJ22-67）：升钟水库建设者李春果、董百祥、易登科、李三刚口述实录。本文为课题阶段性成果之一，项目负责人王丹。

** 王丹，四川音乐学院舞蹈学院副教授；姚巨容，四川省都江堰水利发展中心人民渠第一管理处助理工程师；肖友楠，西南石油大学外国语学院英语专业学生。

① https://baijiahao.baidu.com/s?id=1735115198383971519&wfr=spider&for=pc，最后访问日期：2022年5月30日。

省政府直接领导和水利部的大力帮助下,由地委、行署带领,各受益县密切配合下完成的。因枢纽工程所在地隶属南部县升钟区,故以"升钟"命名,这是当时西南地区最大的人工蓄水灌溉工程,升钟水库被誉为"西南第一湖——升钟湖"。水库以灌溉为主,兼有防洪、发电、供水、养殖、旅游开发等综合价值。升钟水库工程建设分为一期、二期和三期,三期工程仍在不断完善。本文讲述的是升钟水库一期工程。

一　升钟水库一期工程设计与建设历程回顾[①]

1958年,升钟水库建设工程被列为四川省水利规划项目。1972年钱正英[②]部长亲自到升钟水库了解工程建设情况。同年5月,由清平水库原班人马担任升钟水利工程设计工作并进入现场勘测,设计组组长为秦寿远、杨建。同年8至9月设计报告形成,但并未获得水利部通过。争论核心点在于"坝型"选择的问题。升钟水库的基本条件为高坝70多米,建坝库容10多亿吨。当地材料、地理条件为砂页岩附着的软岩,软岩下是条石坝,由于做条石坝的数量太多,且抗压强度低(不到30兆帕),大量开采条石很困难。当年国内水库设计仅有"均质坝、重力坝、拱坝",这些坝型都不适用于升钟水库建设。因此,"坝型"问题争论了4年之久。其间,设计组不断走访、调研、与同行交流。在调研过程中,黑龙江土石坝专家的一句话"砂都能做坝,石渣料总比土泥巴好呀"启发了设计组,再经过与清华大学反复论证后设计组认定:石渣料是可以做坝的。[③] 于是,设计组决定启用石渣料做升钟水库的土石坝方案,用条石来修重力围堰,用黏土做心墙料。1976年钱部长给设计组意见:"你们要做自己能够设计、自己能够施工的坝型。"最终,升钟水库被定为"重力围堰黏土心墙石渣坝"。

1977年12月8日升钟水库正式动工。首先是下河槽做围堰,挖心墙基础。此项工作由地方组织,从各个县、区、乡抽调施工者,成立团、营、连,进行人工施工。大概3万名民工加入建设队伍中,用小推车、斗车做开

[①] 口述访谈人物:秦寿远,四川省水利厅原副总工程师,时任四川省水电设计院升钟水库设计组组长。采访时间:2022年5月26日。采访地点:四川省水利厅7楼会议室。
[②] 钱正英,水利水电专家,中国工程院院士,曾任中华人民共和国水利部部长,第七、八、九届全国政协副主席。
[③] 四川省张家岩水库用了一小部分石渣料成为做中型水库的经验。

挖运输。由于施工进度太慢，2年后，在四川省工程局的助力下，开始转为机械化施工。当时的机械化就是汽车运输，用挖机、振动碾。[①] 经过不断研发，南充机械厂振动碾制造成功，这使升钟水库的机械化施工进入了一个新阶段，保证了坝型的工程质量。石渣料、条石料、土料就地开采，后从40公里以外的地方远距离运送，以确保水库顺利施工。

1978年由于国民经济调整，资金不充足，其他几个水库陆续停工。基于升钟"老旱区"的急迫性，以及前期大量的人力投入问题，何郝炬[②]同志给省里（四川省）汇报："升钟水库建设不能停，已经下了河槽作业，如果停了损失更大。"自此国家连续几年大力支助升钟水利工程建设，每年设项目支持该工程继续修建。

1984年一期工程基本建成，在向水利部汇报时，冯寅[③]部长提出："一般的石渣坝只有1比1点几，升钟水库的坡度那么缓，才1比2点几，为什么你们后面还要加一个大平台？"设计组汇报："是由于基石软弱问题，计算下来需要加大平台。升钟的石渣料Φ角不大，只有20几度，不是硬岩的Φ角石，是软岩，坡度就需要1比2点几。"石渣料是由黏土岩和砂岩混合而成，关于石渣料能不能用设计组做了很多试验，如今石渣料进入应用，也是得益于升钟水库。

值得一提的是，坝基有个软弱层，在坝下10米。打竖井下去做试验后，为了克服这个软弱层问题，除了设计坡度缓，后面还有一个"大足球场"作为压重体；溢洪道为"汛后超蓄水位"设计，至今为止相关书本、其他工程中均未出现过这个名词。由于库区气候、地理因素，以及来水不丰富等现实因素，枯水年水库蓄不满；丰水年水量多，就允许超蓄，这就是升钟水库在设计施工中的独特性。

升钟水库表层取水也是经过亲测水温之后，根据原理创新设计而来。升钟水库左右干渠的进水口采用表层取水方式。为此专家团队专门研究、创新

---

① 当年全国只有陕西省石头河水库在国外引进了两台振动碾。所谓振动碾，实际上就是一个偏心轮。

② 何郝炬，曾任四川省委副书记、四川省副省长、四川省人大常委会主任。

③ 冯寅，水利专家。历任水利部工程总局、官厅水库工程局工程师，水利电力部北京勘测设计院副总工程师、海河勘测设计院总工程师，水利电力部水利司总工程师、规划设计院副总工程师，水利部副部长、高级工程师、总工程师。第三届全国人大代表，第五、六届全国政协委员。1956年获全国农业先进生产者称号。

设计了左干渠圆筒式取水方式，即杯子下叠的表层取水方式；右总干渠为灌溉南充地区的主要干渠，流量大，采用下降门的表层取水方式，至今仍然适用。

此外，升钟水库的溢洪道9孔设计也是一大亮点。由此可见，当年升钟水库的设计是比较先进的，充分体现了因地制宜、实事求是的设计原则。升钟水库建设工程也因此获得水利部全国水利工程金质奖和优秀设计金奖。

1983年根据"边建设边受益"的规划原则，除右总干渠隧洞完成以外，右总干渠上的支渠和左分干渠下的支渠同时展开了施工。1984年其建成蓄水后，全面配套南充干渠实现了"边建设边受益"的目标。1984年一期工程盛大竣工，谢世杰[1]等同志参加竣工验收典礼，验收资料由秦寿远、杨建负责组织、整编完成。至此，川北老旱区人民梦寐以求的治水兴农的愿望实现了。

二　升钟水库建设者：女子民工连纪实[2]

1976年，由蓬安地方组织、以自愿报名应征的方式，组建了一支120人左右的女子民工连队伍，她们当中年龄最大约24岁、最小约17岁。人员选拔标准为：能吃苦、有力气、思想过硬的女同志。主要任务就是人工协助水库初期基材积累与建设。据访谈者回忆：当年毛主席刚刚逝世，一群来自农村的女孩积极响应毛主席提出的"水利是农业的命脉"的号召，争先恐后加入了女子民工连。她们的共同目标是："努力付出，建成水库，让家乡的农田不再饱受干旱。有了水库，就有水，有水就能要什么有什么。"她们在升钟水库安营扎寨，一切行动军事化管理，整个过程历时3年。

女子民工连到达驻地后，大家便各司其职，展开了分工有序的人工作业。陈香琼，现年63岁，19岁高中毕业后，接受组织召唤，被委以重任担任女子民工连连长，全面负责工程作业；成正蓉，现年68岁，22岁加入女子民兵连担任副连长，主管工程和材料保管，代管后勤工作，带领大家每天下河筛沙、撮石子、编筛子、担石子过秤、过斤头（记重）、印量方等；杨秀君，负责统计工作，按组织要求"准、细、精"地记录每个人的考勤、

---

[1] 谢世杰，历任四川省雅安地委副书记、书记，四川省委常委、副省长，四川省委副书记、书记，四川省人大常委会主任，党的十九大代表。
[2] 口述采访人物：1. 陈香琼，蓬安县女子民兵连连长；2. 成正蓉，蓬安县女子民兵连副连长；3. 杨秀君，蓬安县女子民兵连队员；4. 何晓华，蓬安县女子民兵连队员。采访时间：2022年5月14日。采访地点：四川省南充市蓬安县相如饭店。

工作量等，月底把每位同志的考勤、工作量制成工分表，送到各生产队，经核实后，再送到县指挥部工程科结账，按照统计结果给大家发工资。

女子民工连的生活条件非常艰苦，驻地就在河滩边上，离水库修建的隧洞很近，放水的时候，水就从身边经过。住的是上下铺，搭个棚子就是厕所。她们的工作强度极大，早期建设没有机械开挖，没有机械运输，也没有机械碾压。她们的主要任务是编织筛子、筛河沙、筛鹅卵石、浇筑大坝、浇筑隧洞等。早上6点统一吹号起床，清点人数，做早操，还有专人指挥唱歌鼓舞士气。8点钟进入河滩开始一天的工作，12点排队吃饭，晚上6点收工。

夏天河坝炎热，无处遮阴；冬天寒风刺骨，没有遮挡，但也没人偷懒。姑娘们也哭过，但想着能把水库建好，为了"水"，为了让更多的家乡人受益，就咬牙坚持着，一坚持就是3年。大家心往一处使，汗往一处流，劲往一处使，配合默契，甚至经常超额完成任务。在浇筑隧洞工作中，从这边的山到那边的山，需要依次浇筑钢筋。姑娘们就推着车，把石子往里面送，足迹踏遍西充、南部、蓬安，有时还需要一直沿隧洞放水的路线协助测量。

连长和副连长是在女子民工连里入党的。在采访过程中，她们认为身为党员，就应该发挥先锋模范作用，面对艰苦环境，不能畏惧、退缩；只要党和国家有需要，就毫不犹豫地往前冲，绝不后退；为党和国家，贡献自己的力量，以前是这样，现在还是这样。可以说，女子民工连的同志们是一群具有"巾帼情怀"的革命战士，具有那个年代女子艰苦奋斗、永不屈服的质朴精神。

三 关于升钟水库一期工程移民工作的口述史纪实[①]

升钟水库一期工程建设涉及绵阳、南充两个地区所辖的10多个乡镇，

---

① 口述采访人物如下。1. 陈道远，曾任南部县人民政府副县长、升钟水库配套指挥部副指挥长、南充地区升钟水库配套工程指挥部指挥长；采访时间：2022年5月21日；采访地点：四川省南充市北湖宾馆。2. 董百祥，曾任升钟水利工程指挥部指挥长，多次荣获中共南充地委、地区行署、四川省水利厅颁发的升钟配套工程先进个人称号；采访时间：2021年7月29日；采访地点：四川省南充市西充县升钟水利工程建设管理局。3. 李春果，曾任西充县水利局党组书记、副局长，从事升钟水库配套工程建设32年，在升工程移民搬迁征地工作期间，受到国家部级、省厅、地市县等奖励和表彰共21次，被四川省水利厅授予"升钟工程移民搬迁一等奖"，被水利部、国家计委、国家农业发展委员会授予"先进工作者"称号；采访时间：2021年7月29日；采访地点：四川省南充市西充县升钟水利工程建设管理局。

人口 10 多万，移民工作事关饮水、灌溉等民生问题。做好库区移民工作，首先，统一思想、统一认识，当年相关领导经反复研究做出决定：把在大坪淹没库区的 9 个乡镇全部划归到南部县，这样便于统一研究解决淹没的问题。其次，解决库区的一些半机械化的通行问题，做好进场公路的修建。当时升钟水库南部县指挥部负责测量工作，技术人员每天步行十几、几十公里，甚至近百公里去测量进场公路，为移民搬迁定点，组织民工为移民修建房屋。

关于移民搬迁，老百姓最关心的问题，一是吃的问题。田地被淹没了，生产用地怎么办，如何保证基本生活？政府鼓励在国家的指导下自力更生，在电灌站没有修起来之前，积极地改田改地；加快建好电灌站，电灌站建好了，水源的核心问题就解决了，生产条件才能得到实质改善。二是住的问题。在老百姓搬迁以后，采取定额补贴、集体搬迁的办法。

移民工作主要分为两种形式；以就地移民为主，鼓励移民从山下搬到山上；以向外移民为辅，将部分淹没库区的移民安置到新疆生产建设兵团。之后，南充地委、行署还组织南部县以及周边县的领导专程到新疆调访移民安置情况。据了解，当年库区移民在当地依靠自己勤劳的双手继续农业生产，他们以棉花种植为主，不断革新生产力，从农耕耕作到机械耕作、机械收割，家家发家致富，体现了四川人积极乐观、不怕吃苦、勇于奋斗的革命精神。

总的来说，移民工作是水库建设工作的重点，其成功首先得益于各级党委的正确领导，攻坚克难完成了这项民生工程；其次得益于库区移民顾全大局的家国情怀；最后得益于各级工程技术人员的技术革新。

在短短的几年时间里，升钟水库一期建设就惠及民生：由总干渠引水到十几个乡镇、上几百个村社。农民种田、用水都实现了自流灌溉。在总干渠修成的基础上，又修建支渠、斗渠、农渠、毛渠，把水引到农田中，使百姓得到实惠。工程完工后，库区农田灌溉不再缺水，农民 90% 以上的吃水问题得到了有效解决，同时极大地提高了农业产值、百姓收入。经过移民搬迁，村民的房子也得到了修建、改造。村民都认为共产党好、社会制度好、国家好。

四　升钟水库发展现状与博物馆建设[①]

升钟水库工程集供水效益、养殖效益、旅游效益、发电效益、防洪效益为一体。截至2019年12月，累计放水59亿立方米，累计灌溉3900万亩，累计增产粮食223亿公斤，累计增加产值335亿元。每年解决沿途乡镇工业用水和160万人的生产生活用水困难问题。打造"昇鱼尚水"有机鱼品牌，采用"人放天养"的模式，升钟有机鱼年产150万公斤以上，年创产值3000多万元。1998年省政府将升钟水库命名为四川省风景名胜区，2013年水利部将其命名为国家水利风景区。依托丰富的水资源，连续12年举办了"中国升钟湖钓鱼大赛"。十余年来，升钟湖共举办各类钓鱼赛事61场次，接待38个国家和地区共计2万余名运动员，升钟湖成为钓鱼人的天堂、世界钓鱼圣地，有"中国升钟湖，世界钓鱼城"之称。升钟水库共建2座电站，装机容量13835.5千瓦，年发电收入达1000万元。升钟水库有2.71亿立方米的防洪库容，"拦洪、滞洪、错峰、削峰"防洪效益得到充分发挥。[②]

2022年3月，四川省南部县启动修建升钟水库博物馆的工作，以此让后代"回望历史、珍惜当下、引领未来"。

升钟水库博物馆以时间为轴收集各类资料，从规划设计、施工建设，再到现今灌溉管理，脉络式回顾升钟水库的建设史。馆藏建设侧重从四个主体来构架博物馆核心内容。一是从国家战略层面、顶层设计的角度，主要收集财政部、水利部、国家计委对这项千秋水利工程的设计、谋略等相关史实。二是从四川省委、省政府治水兴川的实施角度，收集体现升钟水利的技术精湛，以及在南充地委、行署所提出的"看我南充，决战升钟"的目标下所取得的卓著成绩的相关史实。三是从旱区老百姓、亲历建设者的角度，体现水库建设"全民一心、顾全大局、不畏艰辛"的家国情怀的相关史实。四是提炼升钟精神。可以说，升钟水库灌区建设的每位参与者、建设者，都是川北的"大禹"，不分男女，皆是战斗英雄。

[①] 口述采访人物：易登科，曾任南部县农工委主任，主要从事"三农"工作牵头和协调。目前负责升钟水库博物馆战陈资料搜集工作。采访时间：2022年6月10日。采访地点：四川省成都市青羊区。

[②] 参见升钟水利灌区官网水利工程介绍板块。

升钟水利工程集民心工程、人工工程、重点工程于一体，是体现治水兴川、川北振兴、造福人民的伟大工程。升钟水库博物馆的建设全方位地再现这段历史，有着重大的现实意义与历史价值。

五　结语

本文以历史为证，以人物口述访谈的方式，对个人记忆、社会记忆进行调研，有效填补了升钟水库建设中珍贵历史资料的缺失。在多个层面聚焦、剖析四川水利建设在中国的发展，以此激发读者的爱国情怀以及"构建人类命运共同体"的恢宏理想。力求探寻"中华优秀传统文化是中华民族的精神命脉，是涵养社会主义核心价值观的重要源泉，也是我们在世界文化激荡中站稳脚跟的坚实根基"[1]，响应"讲好中国故事、传播好中国声音"[2] 的号召。

升钟水库建设是新中国成立以后，我们党高度重视川东北地区农田水利与群众生产生活、解决民生水利问题的重大工程举措。工程浩大，参与人数众多，是国家、地方政府、百姓万众一心、众志成城、不畏艰辛的创举。正如灌区人民传唱的民谣"升钟水甜、共产党亲"，水兴则百兴，水利则百利。抚今追昔，饮水思源，毋忘当年艰苦奋斗，勿忘我党丰功伟绩，升钟其证以励来者。

---

[1]《习近平关于全面建成小康社会论述摘编》，中央文献出版社，2016，第121页。
[2]《习近平谈治国理政》第三卷，外文出版社，2020，第312页。

环境社会学微观视角下青藏高原垃圾治理路径探析

——以三江源区"捡垃圾"行动为例[*]

徐 君 陈 蕴[**]

摘 要：垃圾等环境问题与个人的日常生活息息相关，垃圾的产生和处理、人与垃圾的关系等是目前环境社会学关注的热点问题，也是从环境社会学微观视角关注个体环境行为的重要领域。本文以在三江源农牧区开展环保实践的两个社会组织为观察对象，借鉴戈夫曼的拟剧论等理论，透视两个环保组织的垃圾治理行动。通过具身性"表演"催生、培养志愿者、组织成员和环境他者的垃圾分类与处理意识，调动微观层面个人能动性与当地民众的生态道德伦理，在与地方政府、民众、游客等"观众"进行社会互动中达到传播亲环境行为的目的，促使更多环境主体加入环保实践活动，弥补环境治理中宏观结构与运动式治理之间的缝隙，最终将利他主义和实用主义的捡垃圾行动嵌入地方垃圾治理事项，形成环境治理合力。这是独具三江源区特点的垃圾治理实践，开创了促进青藏高原环境综合整治新模式。

关键词：三江源 垃圾治理 拟剧论 环境微观社会学

序 言

20世纪70年代，公众高涨的环境保护意识和运动催生出社会学分支学科——环境社会学，以 Riley E. Dunlap 和 William R. Catton 提出的"新生态

---

[*] 本文原载《民族学刊》2022年第4期。
[**] 徐君，四川大学中国藏学研究所教授；陈蕴，河南大学民族研究所副教授。

范式"为标志。此后,在与其他学科的交叉发展中形成了多种宏观环境社会学理论,如人类豁免主义范式、深生态学、生态女性主义、风险社会、环境运动、生态现代化、马克思主义生态理论等。后来,Buttel 指出,此前环境社会学领域的理论主要是结构性的,没有解决"主体性和代理人"的"微观"因素。[1] 21 世纪初,环境社会学开始强调微观视角,关注个人如何理解与非人类及环境的关系、如何在日常生活中践行绿色生活方式,出现身份理论、社会表征理论、自然与道德等微观理论;甚至开始关注并强调族群生态文化的民族志方法论。这些微观层面的研究被更广泛的制度和政治过程所补充,调节了制度和结构之间的关系。[2] 在人与环境的关系上,Bradley H. Brewster 等提出并启动了一种戈夫曼式的日常生活环境社会学。[3] 2017 年,Bradley H. Brewster 和 Antony J. Puddephatt 整合微观视角的环境社会学相关研究,编辑出版了《环境社会学的微观社会学视角》(Micro Sociological Perspectives for Environmental Sociology),主张从乔治·赫伯特·米德(George Herbert Mead)和欧文·戈夫曼(Erving Goffman)等社会学家的理论中汲取灵感,关注个人及组织的绿色生活方式、生态愿景、道德行动以及与非人类物质的关系等其他微观层面的理论工作,包括实用主义的行动理论、行动者网络理论、"日常泛灵论"、保护社会心理学等,虽然作者们在理论、本体论、认识论和方法论上存在差异,但这些视角突出了微观社会学方法的独特优势。[4]

戈夫曼的微观人际互动研究与拟剧论等理论框架,对于重构人与环境的微观互动进程及其秩序大有裨益。戈夫曼在其著作《日常生活的自我呈现》中,试图用拟剧论来解释个体通过与他人的特定互动来进行印象管理等社会互动的一些基本过程和原理。拟剧论主要包含表演、剧班、区域、不协调角色、角色外沟通和印象管理等六大要素,还涉及戏剧角色、剧本、

---

[1] Buttel, F. H. "New Directions in Environmental Sociology", *Annual Review of Sociology*, Volume 13, 1987.
[2] Scoones, I. "New Ecology and the Social Aciences: What Prospects for a Fruitful Engagement?", *Annual Review of Anthropology*, Volume 28, 1999.
[3] Bradley H. Brewster & Michael Mayerfeld Bell, "The Environmental Goffman: Toward an Environmental Sociology of Everyday Life", *Society & Natural Resources*, Volume.23, 2009.
[4] Brewster, B. H., & Puddephatt, A. J. eds., *Micro Sociological Perspectives for Environmental Sociology*, London: Routledge Taylor & Francis Group, 2017.

舞台和道具等。① 日常生活中的个体在"后台"设计好剧本，在"前台"利用"道具""特设的场景"等进行"表演"与"观众"进行互动、交流，以达到预期的定义情景，从而为"观众"呈现一种预设的印象。在人与环境的关系上，Tom Hargreaves 认为，戈夫曼为分析社会互动而开发的这些概念有助于分析环保团体亲环境行为的变化过程，有助于研究在特定时间、地点以及为什么亲环境行为被执行或不被执行。② 在环保实践中，日常的、具体的亲环境行为的产生及变化，是个体在现实生活的背景下影响环境政策结果的反思性行动。③ 在这个过程中，个体会预期来自他者的反应，并通过特设的互动来影响环境他者的生态自我和环保行动的发生。④ 垃圾是人与环境日常互动的代表性物质，妥善处理垃圾的行为是一种亲环境行为。Susan Machum 曾用戈夫曼的拟剧论解释当地政府及其构建和处理垃圾的方法为居民引出了一套特殊的期望和行为，而居民在家庭内部——"后台"进行垃圾分类、把垃圾放在路边——"前台"等垃圾处理行为关涉社区中个人和家庭对可持续性承诺的印象。⑤ 因此，个体的垃圾分类与回收行为是与环境他者互动的结果。

当前三江源区存在一种环保志愿者、地方民众以及地方政府普遍参与的垃圾处理实践——捡垃圾，这是一种独具青藏高原特色的、具有象征性的亲环境行为"表演"。通过不同"前台"的社会互动、"捡垃圾表演"影响"观赏"捡垃圾活动的个体（当地牧民、外来人）以及地方政府等"观众"的环境行为，产生了积极的环境效果：催生与培养了环境他者的垃圾分类与处理意识，传播了亲环境行为理念，最终将利他主义和实用主义的

---

① Erving Goffman, *The Presentation of Self in Everyday Life*, Penguin, 1990.
② Tom Hargreaves, "Interacting for the Environment: Engaging Goffman in Pro-Environmental Action", *Society & Natural Resources*, Volume 1, 2016.
③ M. Nye, T. Hargreaves. "Exploring the Social Dynamics of Proenvironmental Behavior Change: A Comparative Study of Intervention Processes at Home and Work", *Journal of Industrial Ecology*, Volume 4, 2010.
④ Zavestoski Stephen, "Constructing and Maintaining Ecological Identities: The Strategies of Deep Ecologists", in Susan Clayton and Susan Opotow eds., *Identity and the Natural Environment: The Psychological Significance of Nature*, Cambridge, MA: MIT, 2003.
⑤ Machum, Susan, "Sorting the Trash: Competing Constructions and Instructions for Handling Household Waste", in B. H. Brewster and A. J. Puddephatt edited, *Micro Sociological Perspectives for Environmental Sociology*, London: Routledge, 2017, pp. 161–177.

捡垃圾行动嵌入地方垃圾处理事项。因此，从拟剧论视角出发对三江源区"捡垃圾"环保行动进行研究，探析社会组织的环保实践展演过程及与环境他者等"观众"之间的环境互动，讨论其如何补充政府主导的垃圾治理事项，可能会为青藏高原环境治理提供新思路，开创出一条促进青藏高原环境综合整治的新模式。

一　三江源区的垃圾与垃圾治理

垃圾治理是国家、政府、社会组织、家庭、个人等不同层次的环境保护者持续行动的领域[1]，不同行动者对通常意义上的消费后废物采取有效处理措施。目前学界关于垃圾治理的研究，对于城市和农村垃圾状况的研究远远高于牧区，而在牧区垃圾治理研究中西藏牧区、内蒙古牧区的研究相对较多，关于青海牧区的垃圾治理问题研究最少。近十多年来，青藏高原，尤其是三江源区的生态环境保护问题被日益重视，国家通过采取系列环境保护措施和逐级提升其在国家战略整体布局中生态地位的方式，以期获得治理效果。[2] 随着商品经济的发展、旅游业的兴起，以及三江源区本土居民传统生活方式的改变，在多重因素共同作用下，垃圾量快速增加以及垃圾处理困难加剧，垃圾及垃圾治理成了青藏高原生态环境保护的难题。而要有效促进农村居民亲环境行为，则需要依靠宣传教育、严格的制度性规范（如政策）、社会资本[3]、熟人关系和基层组织[4]、面子观念[5]等不同的经济和道德价值手段。

垃圾产生量与地域经济发展水平正相关[6]，整体上看，三江源区的垃圾

---

[1] 张劼颖、王晓毅：《废弃物治理的三重困境：一个社会学视角的环境问题分析》，《湖南社会科学》2018年第5期。
[2] 2003年，三江源国家级自然保护区正式成立；2005年，三江源生态保护和建设一期工程启动；2016年，三江源国家公园试点建立；2017年，可可西里成功申报世界自然遗产。
[3] 韩洪云、张志坚、朋文欢：《社会资本对居民生活垃圾分类行为的影响机理分析》，《浙江大学学报》（人文社会科学版）2016年第3期。
[4] 孙旭友：《垃圾分类在农村：乡村优势与地方实践》，《中国矿业大学学报》（社会科学版）2021年第6期。
[5] 唐林、罗小锋、张俊飚：《社会监督、群体认同与农户生活垃圾集中处理行为——基于面子观念的中介和调节作用》，《中国农村观察》2019年第2期。
[6] 何品晶、张春燕、杨娜、章骅、吕凡、邵立明：《我国村镇生活垃圾处理现状与技术路线探讨》，《农业环境科学学报》2010年第11期。

总量较低，但作为生态环境脆弱地，垃圾的危害却不容轻视。再加上在青藏高原牧区，收集垃圾的单位成本和运输垃圾的物流成本都比内地或农区高，处理效果有限。因此，三江源垃圾处理面临收集处理难度大且管理能力有限、资金匮乏且设施不健全、处理技术落后、环保意识薄弱等问题。[1] 2014 年，青海省正式启动并实施三江源农牧区清洁工程，全面开展垃圾分类处理，建立"户分拣、村收集、乡转运、县处理"的新型牧区垃圾集中处理机制，同时对村庄周边、河塘沟渠、交通沿线、景区周边、草原农田等堆放的垃圾进行了全面整治，以实现农村生活垃圾就地分类和资源化利用。此次启动的三江源清洁工程被认为是一种政策引导，也是一种针对当地个人、住户和企业的"行为楔子"[2]，政府的技术主要用来框定垃圾问题和解决方案（环境卫生、回收等）。同时辅之以"垃圾换食品""垃圾换文具"等物质性激励措施，鼓励当地民众参与垃圾治理。现在只要有牧民聚集的草场，就设有垃圾桶或垃圾袋，这展现了一种将无序变为有序的环保美德，但整体上仍处于"缺乏自律和他律机制"[3]。调研中发现垃圾治理前端的垃圾分类仍是主要问题，所有垃圾几乎都是送到填埋厂填埋，回收经济仍处于起步阶段，未实现可回收垃圾的资源利用。2021 年 6 月被广泛关注的可可西里垃圾堆的新闻就是典型[4]，青藏线上往来的游客所产生的垃圾、铁路工程污染、自然形成的聚居点所产生的生活垃圾等大量堆积无人处理。向外界披露可可西里垃圾成堆问题的新闻媒体以曝光的形式督促地方政府和民众树立垃圾治理意识；同时也期望引起公众注意并采取行动。因此，要注意垃圾治理行动可能带来的意外后果，即有些"观众"（不论是个人还是集体）认为自己的义务总有环境他者承担，不主动承担垃圾分类与处理的责任，造成一种倒置的责任分散。

在应对垃圾问题的过程中，环保组织通过以小规模、分散化以及地方

---

[1] 张贺全：《三江源国家生态保护综合试验区垃圾处理现状及对策》，《青海大学学报》（自然科学版）2013 年第 4 期。

[2] 〔美〕赖利·E. 邓拉普、罗伯特·J. 布鲁尔：《穹顶之下的战役：气候变化与社会》，洪大用等译，中国人民大学出版社，2019，第 195 页。

[3] 谷中原、谭国志：《农村垃圾治理研究——以武陵山区 S 县 L 乡为例》，《湖南农业大学学报》（社会科学版）2009 年第 1 期。

[4] 李微敖、种昂：《青藏高原可可西里地区再现巨大露天垃圾带》，《经济观察报》2020 年 6 月 20 日，http://www.eeo.com.cn/2021/0620/492245.shtml。

化的生态教育类活动形式，进行一种"嵌入性环境保护主义"[①] 实践，以影响公众行动。相对于政府的强制性，社会组织的柔性和灵活性更能够引导居民开展垃圾分类[②]，提升居民和社区对于垃圾管理问题的认识。笔者徐君多年持续关注并跟踪观察三江源区生态环境保护与垃圾治理问题，笔者陈蕴连续两年（2020年4~9月、2021年6~8月）集中对在三江源区开展环境保护活动的社会组织进行调研，并以志愿者身份先后参与到两个不同类型的环保组织——在三江源区持续开展生态环保活动20多年的L组织和新近成立的玉树州曲麻莱县的C组织进行实证观察研究。作为外来环保组织（注册单位为四川省民政厅），L组织以保护三江源生态环境为宗旨和目标，并从21世纪初组织志愿者开始在青藏公路沿线捡拾垃圾，而后逐渐影响到地方政府和地方环保实践，其中就包括本地C组织（注册单位为玉树州曲麻莱县民政局）的成立和运行。这两个组织将"捡垃圾"等垃圾调查事项作为主要工作内容。多年的关注与亲身的参与，使笔者意识到"捡垃圾"已经不是一般意义的以"变废为宝"循环再利用为目的，而是一种极具象征性的环保主义实践。通过访谈两个环保组织的负责人和工作人员、志愿者以及当地居民，并收集其工作简报、网站信息、新闻报道等资料，借鉴戈夫曼的拟剧论，分析社会组织开展以"捡垃圾"为表征的生态环保实践"表演"是如何规训志愿者及组织成员形成生态环境意识，并促使其逐渐内化并转化为有效处理垃圾亲环境的实践；同时影响和唤醒当地民众生态环保意识，实现与地方政府、牧民、游客等环境他者的社会互动，推动各级政府将垃圾治理纳入青藏高原环境治理的重要事项之中，多方互动并形成合力，最终实现青藏高原有效的垃圾治理、生态环境建设与保护的目的。

二 L组织捡垃圾行为的利他性实践：拟剧性下的社会互动

L组织于1995年在四川省民政厅注册，成立之初即在三江源区开展环境保护工作。自2003年开始，L组织在包括沱沱河和可可西里在内的青藏

[①] 〔荷兰〕皮特·何、〔美〕瑞志·安德蒙主编《嵌入式行动主义在中国：社会运动的机遇与约束》，李婵娟译，社会科学文献出版社，2012。

[②] 李健、李春艳：《政策介入、社区类型与社会组织行动策略——基于上海爱芬环保参与社区垃圾分类案例的历时观察》，《上海大学学报》（社会科学版）2021年第5期。

线上持续开展垃圾调查，调查报告提交给政府后引起相关部门重视，并从政府部门获得进一步开展环境保护、垃圾治理工作的项目和资金投入的支持。① 调查结果显示，当地的垃圾来源主要是居民垃圾和游客垃圾，因此，L组织一直将"提高当地居民和游客垃圾分类意识"视为一项迫切的工作，并编写包含中文、藏文、英文等三种文字的《垃圾分类手册》进行分发，同时在全国范围内招募成年志愿者，还邀请深圳等发达地区的垃圾问题处理专家参与垃圾调查和垃圾处理的技术指导。2012年，在当地政府、基金会、企业和公益捐赠的支持下，L组织在青海唐镇建成长江上游水生态保护站（以下简称A站），A站所在地海拔超过4500米，靠近可可西里自然保护区，主要工作是进行区域性环境监测、生物多样性调查，并尝试建立可持续性垃圾回收模式。2017年起当地市政府以"政府购买服务"的方式委托L组织建设和管理青藏公路沿线的垃圾回收站。L组织采取招募志愿者轮流驻站无偿服务（每人的服务时间最低1个月）的形式，对沿线垃圾回收站进行管理。

（一）"捡垃圾"行为的规训与"剧本"

笔者曾在位于唐镇A站从事了40余天的志愿者工作，入站的第一件事就是学习"L组织高原工作守则"。对在高海拔地区食宿、卫生等进行细致的要求：尊重当地藏族的风俗习惯，并禁止任何可能危害当地野生动植物的行为等。工作守则要求的行为规范甚至细致到"关门的声音不能过大"等具体生活细节。"L组织高原工作守则"由L组织和早期服务的志愿者共同编制，就像是在实践中不断调整的剧情的"脚本"，后期参与的志愿者则只需按照这个"脚本"进入"角色展演"。根据守则要求，L组织的工作人员和志愿者每日必须在早饭前将A站区域内的所有垃圾捡拾干净，并分类投放，这意在展现保护站的"干净"形象。同时，L组织十多年如一日地要求驻站志愿者每日两次在唐镇主要干道——青藏线上捡垃圾，每一到两周从青藏线干道往两侧延伸捡垃圾一次。这种"捡垃圾"行为甚至成为青藏公路（铁路）沿线上一道别样的风景，再加上一些知名人士的加入所带

---

① 2003年，L组织启动青藏公路沿线垃圾调查；2004年，L组织向国家环保总局、卫生部、青海省人民政府、西藏自治区人民政府等提交了《关于青藏线居民点垃圾回收处理的建议》。

来的宣传作用，更让"捡垃圾"及进行垃圾调查的真实环保行为有了"行为艺术"的意味：他们像一支表演团队一样，在青藏公路（铁路）沿线进行"捡垃圾"表演。

通常意义上的垃圾分类，一般发生在家庭或组织内部，然后垃圾进入公共领域，"捡垃圾"这种亲环境行为则是将垃圾从公共领域再拉回私人领域。因此，在公共领域按照什么样的流程、组织方式来实践"捡垃圾"表演，无论是对具体"捡垃圾"的志愿者"演员"，还是与制造垃圾的当地民众及沿途旅客等"观众"之间的互动，都具有非同寻常的意义。对于志愿者而言，他们进行表演的"前台"就是青藏线，准备表演的"后台"则是A站，每次进行垃圾调研实际上都按照固定的"剧本"进行。通常的流程如下。

1. 2~4名志愿者穿着印有L组织标志的帆布背心，拿着印着L组织名字的可循环利用垃圾袋、夹垃圾的钳子和一个垃圾数据记录本等道具在镇上的青藏线段捡垃圾，往返距离约2千米，时间约1.5小时。主要捡的垃圾为包括塑料瓶、铝罐和铁罐等在内的可回收垃圾。每次垃圾数量都要报给其中一位记录者。

2. 志愿者回到A站后将瓶罐里的杂物清理掉，然后将塑料瓶、铝罐和铁罐等几类垃圾分别装在不同的敞口式铁丝围栏中。也可同时将垃圾重新装入新垃圾袋，40~50个为宜，放在A站门后。

3. 在可能的时候询问来A站参观的游客是否愿意将垃圾从此地带到海拔2700米的格市工作站。游客若不愿意，继续堆放；若愿意，询问可携带的数量，并帮游客装车。同时询问游客是否愿意接受拍照后发布在L组织微博官方账号上，并赠送游客"带走一袋垃圾"贴画；后告知L组织在格市市区的工作人员游客的车辆信息，方便垃圾接收。通常情况下从A站到市区开车需要7个小时。

4. 格市区的工作人员接收垃圾，并告知A站的工作人员。当天结束工作时将垃圾调查数据、带走垃圾的数据录入电脑存档，形成长期数据库。

据媒体报道，2017起至今，L组织的志愿者已捡拾共约40万件垃圾，数量庞大。而这个数字只是对L组织捡拾的可回收垃圾数据的大致统计。而对于不可回收垃圾，则直接运输到唐镇的垃圾填埋场填埋，没有计算在内。大多数情况下，L组织认为一些垃圾比其他垃圾更有价值，比如可回收垃圾是仍然具有价值的可利用的资源，必须被仔细处理，以呈现它们的价值。可回收垃圾被捡拾后，会被纳入垃圾处理的下一步工序中；而对不可回收垃圾一般只记录重量，而后运输到唐镇垃圾填埋场。因此，在"捡垃圾"实践中，志愿者必须首先按照要求确立"捡什么"和"不捡什么"的区分，相对于城市生活中更为细致的垃圾种类划分，L组织主要用可回收垃圾和不可回收垃圾来区分。这种对"区分"的强调，意在建构行动者的环境保护意识。正如有志愿者所说："我来海拔这么高的地方做志愿者主要是欣赏L组织在青藏高原的环保工作，当然高原的一切都很吸引我。之前在城市生活每天都产生大量垃圾，反正总有人收。现在每天捡垃圾让我与垃圾相处的时间更长，学会辨别哪些是可回收垃圾，并意识到垃圾对环境的危害。不过因为是青藏线，往来的客车司机很多，有时我们会捡到装满尿液的饮料瓶，但也要忍受着异味捡拾、清理。"（访谈对象：L组织志愿者LY）

（二）"捡垃圾"行为的"演员"与"观众"互动

作为"捡垃圾"实践者，L组织志愿者在青藏公路（铁路）沿线或居民点捡垃圾行为类似"行为艺术"的表演，除了志愿者本身受"角色塑造"的影响和规训、自觉提升垃圾分类意识外，"演员"/志愿者作为"既定的参与者"，在既定的场合（青藏路沿线、青藏高原居民点）以"捡垃圾"的方式对其他参与者（当地民众、来往司机、游客、政府）产生影响，这些他者成为观看"捡垃圾"表演的"观众"。在观看表演中受到影响、规训，并逐渐化为行动。一位参与捡垃圾的志愿者的日志记录，更是把捡垃圾的拟剧性直白地表达出来：

> 我们几个志愿者看了看垃圾堆，就把火钳扔在了一边，开始直接拿手捡，捧一手垃圾就往垃圾袋里塞。时间是关键——我们要趁着游客多的时候，尽可能快地捡垃圾，以便让更多的人看到。有一对母子从海口自驾过来，他们自觉加入我们的队伍，一口气捡了两袋垃圾。年轻母亲鼓励儿子一起做，还拍了我们的照片和视频发到朋友圈，并说："这是有意义的事儿，也要让更多人看到，让他们也能来捡。"①

---

① 摘自L组织志愿者YXY2021年6月29日的调查日志。

志愿者个人往往具有一种匿名性，但捡垃圾的行为则像一种无言的表演，重复的动作就是台词，以行动说服与意义阐释来激发游客等"观众"的参与。当然，即使志愿者只对游客进行环保讲解、项目工作说明，游客一般也会口头称赞。大部分游客到达高海拔地区时一般有或轻或重的高原反应，通常会以少说话或少走路来减轻高原反应的不适感，而志愿者却要在忍受同样身体不适的同时进行捡垃圾等体力劳动，这种精神感染着"观众"。一部分受到"表演"感染的来往人等自愿参与直接捡垃圾行动（如那位海南妈妈）；有的自愿将垃圾带离高原，而在将垃圾带离高原的这个过程中，受感染的"观众"志愿者会与垃圾共处至少7个小时。L组织的工作人员不仅会多次（带离时和接收时）对他们"带走一袋垃圾"的环保行为表达感谢，给予肯定，还会以拍照发公众号宣传或在其车上贴上"环保""绿色"践行者等符号进一步激励。作为"观众"的来往车主（卡车司机）等因观看"表演"的一时感动而付诸行动的"环保行为"，在被多次激励之后，自然会在心里烙上"捡垃圾"、环保的印迹。因此，在整个过程中，"垃圾不但参与道德主体的建构，而且激发新的价值观念"①。不仅从内地来到高原的志愿者在与垃圾的共处中构建了"环保主义志愿者"的身份认知，而且他们通过行动和语言也会影响和激发游客等"观众"的环保意识甚至行动。

除了青藏线这个"前台"之外，L组织还在牧区的赛马节、煨桑节等仪式性活动上捡垃圾并进行垃圾分类宣传，这种利他性行动很受当地社区的欢迎。通过邀请村主任、宗教人士等地方精英的参与，"捡垃圾"的表演剧幕中，L组织已经不仅仅是"演员"，同时也以"观众"的身份"观看"当地的"环保表演"：

> 我们只能讲环保、破坏草场的后果，只会讲这些。但用活佛自己的话讲，每片土地都有它自己的保护神，触怒它的话会得到不好的惩罚，所以要尊重环境。宗教和环保加在一起的话特别管用，看我们行动，有的人也动起来了。后来他们村里也开始自己组织起来捡垃圾，

---

① 张劼颖：《垃圾作为活力之物——物质性视角下的废弃物研究》，《社会学研究》2021年第2期。

怎么分类、怎么处理，有什么不懂的他们就来找我们帮忙，搞社区生态文化节的时候也会邀请我们。（访谈对象：L组织工作人员TD）

L组织以志愿者"捡垃圾"行为实践和开展的各种环保宣传，目的是在与不同"观众"的社会互动中进行行为影响、知识宣传和政策倡导。在将表演从青藏线这个"前台"挪到保护站这个"后台"之后，"捡垃圾"的表演不仅是为科学地撰写有关垃圾问题的垃圾调查提供数据支撑，关键还在于，借此可以吸引更多的外来人员参与青藏高原的垃圾处理，同时影响政府和企业，从而获得政策或资金的支持。近几年L组织开始和影视明星合作，其中一位著名演员多次作为L组织的志愿者和其他志愿者一起"捡垃圾"。有明星出镜的活动照和各类视频，一方面作为宣传该演员高社会责任感形象的材料，另一方面也吸引更多民众了解L组织并自愿成为"捡垃圾"的志愿者。L组织多年的环保实践——"捡垃圾"获得了政府和社会各界的正面认可。如2019年，L组织的志愿者团体获得了中国年度法治人物。L组织多年来持续的、苦行僧式的环保行动获得了区域性垃圾情况的真实数据，其向各级政府和环境部门提交的垃圾调查报告、对策建议也多次被采纳，起到了区域性的政策倡导作用，也因此树立了良好的环保组织形象，并不断地影响着三江源其他地区的垃圾治理和环境保护。C组织的成立及活动的开展，可以说是L组织环保实践地方化、本土化的结果。

三　C组织捡垃圾行为的道德性强调：拟剧性下的教育与规范

C组织是2019年在青海省曲麻莱县（简称曲县）民政局注册成立的，按照社会组织的管理办法，其业务主管部门为曲县环境部门，工作人员均为曲县本地藏族居民。虽然是民间环保组织，但C组织真正的发起人是曲县环境部门官员，C组织的发展目标、规划和决策等都是由该发起人制定和决定的。2020年8月，国内某大型基金会向C组织投资建设的生态教育站投入使用，该教育站位于曲县东部的一个牧业行政村，海拔约3900米。由于C组织发起人的背景，很难将C组织视为普通意义上的非政府组织，它是践行地方环境治理的一种工具。L组织曾在曲县联合环境部门官员和牧民开展环境保护的调查活动并进行其他相关方面的合作，其间曲县环境部门官员赞赏L组织长年的环保实践及其管理模式和志愿者服务方式，甚至管理章程也完全复制于 L 组织。因此，C 组织在某种程度上是模仿、学习 L 组织的本土自组织，其主要面对全县牧民进行环境保护教育，并且重点调查生态教育站所在行政村的垃圾问题，形成垃圾调查数据。只是 C 组织发起人清醒地认识到自身的本土性特点及与 L 组织的不同：L 组织长期以来"捡垃圾"的工作方式虽然吸引了众多志愿者和游客参与，但完全复制其办法并不能在曲县的牧区起到同样作用。因此，C 组织的工作人员通常主要在生态教育站所在地的河流沿岸以及附近的神山脚下捡拾垃圾，捡拾时不直接进行分类，而是将其直接装在垃圾袋中。由于牧区居住点极其分散，大多数情况下这种行动没有任何在场的"观众"，偶尔才有开车路过的牧民。C组织在完成捡垃圾的工作后也同样将垃圾带回生态教育站，有时自行分类，有时召集牧民进行垃圾分类实操演练。不同于 L 组织主要以"捡垃圾"表演进行环保实践，C 组织辅之以课堂形式的展演来促进"观众"——牧民对垃圾危害的认识并强化垃圾分类知识。同时，C 组织依靠官方背景进入牧户家庭开展垃圾调查，并直接与村委协调，通过道德约束与经济激励的双重作用，促进牧民在公共区域进行捡垃圾活动的亲环境行为。

因为笔者在 L 组织做过志愿者，在曲县被地方官员、协会成员和牧民当成了垃圾处理的"专家"，被要求为他们开设垃圾分类知识的讲座，与牧民一起将捡拾的垃圾进行分类，并入户进行垃圾问卷调查。这一方面弥补了笔者在 L 组织做志愿者工作期间很少有机会进入当地居民家庭、直接与牧民交流关于垃圾问题的遗憾。另一方面，笔者工作的"前台"也因此从青藏线延伸到牧区，得以深入地了解当地人对于垃圾、垃圾分类及垃圾处理的看法及具体实践情况。

（一）"前台"有关垃圾的三种危险叙事——"台词"

在基金会的支持下，C 组织招募 10 名本地藏族"生态教师"，即专门讲授生态保护知识的教师。他们均为大专学历，曾是曲县环境部门的临时聘用人员，每月 1500 元工资。他们以"生态教师"的角色不断地在培训课堂上宣讲食用方便面、雪糕、罐头等垃圾食品的危害，同时，让牧民自己对不同的垃圾进行分类以便记忆和理解。按照曲县环境部门官员的要求，各牧业行政村都要选派 30~50 名牧民到生态教育站进行培训，培训时间为两天，结束后向牧民发放结业证书。垃圾的危害和分类方法是 C 组织生态环境教育培训的主要内容。授课的课堂挂满了各类生态保护宣传标语，牧民们要对讲解内容进行记录和记忆。对这些"生态教师"而言，在培训课堂上讲什么和如何讲，即他们的"台词"——关于垃圾的知识和其危害、关于牧民接受的程度以及互动情况——都需要不断调整。除了讲授垃圾分类和处理知识、倡导绿色生活方式外，就是用语言强化其垃圾危害的意识。垃圾危害成为生态教育站每次授课和开会的重要"台词"，有关垃圾危害的情况和案例会被一遍又一遍地展示给当地牧民，可以称为有关垃圾的危险叙事，主要有以下三种情况。

1. 现代消费加剧垃圾生产

现在不像以前，以前牧民的衣食住行基本上来自草原、牦牛。现在垃圾现象很普遍，牧民的经济收入提高了，一有钱就爱消费。饮料瓶、包装袋等随手就扔了，这不仅会威胁自然环境，有时候还会使牲畜误食致死；还有游客增加带来的垃圾，不过数量较少。（访谈对象：C组织工作人员BM）

这一表述与笔者的调查基本一致，走进任何一位当地居民的家中，一般都能看到藏式餐桌上的各类饮料和零食。而相对于城镇，牧区居民集中定居点的垃圾问题更为凸显，生活垃圾一般得不到及时的处理。如在虫草采挖季结束后，能看到曾经驻扎帐篷的地方堆放着被遗留的饮料罐、食品袋、塑料盒等生活垃圾，这在以前并不突出，糌粑、酸奶、牦牛肉就能满足需求。

2. 垃圾飞虫与杀生

那些被扔掉的饮料瓶子里边都有糖分，有时候小虫飞进去就死在里面了，那也是命啊。（访谈对象：C组织工作人员BL）

环保对于个人来说是一种绿色生活。对佛教而言，捡垃圾，尤其是捡那些没有盖子的瓶子，也是一种功德，不必要的杀生是不被允许的。（访谈对象：僧人NM）

因此，这些原本为"物"的垃圾就有了"生命"，环境的污染对其他的生命是一种杀戮，捡垃圾即被当作一种"行善积德"、减少"杀生"的利他行为。同时，在很多牧民的传统认知中，地神、勒等神灵喜爱清洁，人们丢弃脏物、焚烧垃圾会玷污他们的洁净，这种不洁也会给人带来祸患，如饮用被污染的水源而生病等。社区每年都会组织牧民进行本土山水祭祀仪式，在这个过程中，传统文化中的绿色道德被不断彰显，而违背道德的行为也被不断批判。

（二）互为"演员"与"观众"的生态教师与牧民

和农区传统社会一样，牧区原本也是"废物充分利用"以及"有垃圾而无废物的社会"[①]，现代"垃圾"成为传统社会系统和文化难以解决和解释的问题。藏族有悠久的生态文明观，这在当地的野生动物、水资源等自然资源的保护中得到了很好的践行，这也是近年来三江源区域生物多样性取得显著成果的重要原因之一，但这对于垃圾治理而言是不够充分的。曲县的垃圾治理往往被"清洁运动""垃圾歼灭战""垃圾清理百日攻坚"等鼓动性口号所推动，在垃圾收集方面也确实取得了一定成效，很多牧民会按照要求将自家的生活垃圾运到指定的垃圾回收点，乡镇政府定期安排垃圾转运车将垃圾送往县城垃圾处理厂进行无害化处理。曲县现共有3座垃圾处理填埋厂，县城一座，东西两乡各一座。由于牧区居住分散，通常前后几户散居人家共享一个大的垃圾箱，但通常用来堆放垃圾，并不对垃圾进行分类。目前县城仅有一个垃圾回收点，牧民可将收回的纸箱类、金属类、塑料类、废铁、废电池等垃圾交到这里称斤折算成可兑换金钱或物质的价值。但由于缺少垃圾分类的意识，当地居民看不到可回收垃圾的价值：

> 去年（2020年）垃圾回收的参与率并不高，牧民大都自己收集垃圾放到垃圾点，但是很少参与垃圾分类。全县4.5万人，才有92人参与垃圾分类，其中还有一个是县委书记，卖了20多块钱。（访谈对象：曲县环境部门官员GT）

在调研中，当被问及"你觉得当地现在最大的环境问题是什么？"时，

---

① 陈阿江：《水域污染的社会学解释——东村个案研究》，《南京师大学报》（社会科学版）2000年第1期。

普通牧民的答案大多是"垃圾"。不过，当再问及牧户是否经常食用垃圾食品、是否缺少垃圾处理的知识时，得到的往往也是肯定回答。这就出现了一个意识与行动相悖的矛盾，即参与垃圾分类与回收的动机是受到限制的。C组织的环保实践试图解决这个问题。相对于牧民，C组织工作人员接受现代教育程度相对较高，其依靠在"前台"生态教育培训课堂中展演的各种"台词"——垃圾危险叙事引起牧民对垃圾的反感，同时结合垃圾分类知识对牧民进行生态宣传，并试图影响牧民对待垃圾的环境观和行动。C组织生态教育培训对象包括全县19个行政村的牧民，每个行政村牧民轮流到站接受培训。由于生态教育站位于县域东部，有的牧民甚至需要开车六七个小时才能到达，两天培训期间C组织提供帐篷，牧民自带食物。对于C组织工作人员而言，牧民培训期间的垃圾产生情况也是检验牧民接受培训效果的体现：

> 进帐篷看一下我就知道他们平时是不是经常吃垃圾食品，垃圾怎么扔的。有的牧民带的是牦牛肉、酸奶、馍馍，什么垃圾食品都没有；有的带的是方便面和各种饮料。吃这些垃圾食品对身体不好。带少一点没事儿，带多了我们就要说了，要是来到生态教育站都带很多垃圾食品，那平时吃得就更多了。（访谈对象：C组织工作人员ZX）

事实上，生态教师和牧民互为"演员"与"观众"。培训期间，C组织负责人会特意强调要清除生态教育站内所有视线范围内的垃圾食品，工作人员更不能食用垃圾食品，树立环保组织践行绿色生活方式的形象。同时对于生态教师个人而言需要以身作则，言行不一会削弱其环保权威性。因而在生态教育站这个场域中，不食用垃圾食品和有效处理垃圾这些亲环境行为，正如戈夫曼所谓的"参与规范"及"官方认可的价值观"，工作人员和牧民共同参与践行一致的规范与价值观。由于地理的临近性，生态教育站所在村牧民参与培训的数量最多，且与C组织生态教师的互动更为频繁，有时C组织协调村委会直接组织该村牧民开展捡垃圾等垃圾清理行动，并结合经济激励，让牧民实践社区垃圾治理方法。

> 我们村每个月都会组织村民在河道、山上捡垃圾，慢慢地就形成习惯了。在C组织的帮助下，今年（2020年）开始村里设了3个环保

大组长，下面又设 15 个小组长，每个小组长分管 5 户牧民。我们还自筹了 9 万块钱买垃圾袋，可回收垃圾和不可回收垃圾分开装袋。垃圾袋拿回家用，自己的垃圾自己管，自己分类，之后可以拉到县上的垃圾回收站卖钱。村里还设置了月流动红旗等奖励办法，最干净的小组年内最多获奖励 1 万元现金，不干净的我们也会在会上说他们。（访谈对象：牧业行政村二队队长 GS）

这个案例表明了"牧民出于爱护草场的传统感情以及对生活垃圾污染危害牲畜的危害的真切认知，其生活垃圾治理知识水平和自愿程度较高，对治理费用也有较高的支付意愿"①，而个人环保行动的不作为很容易遭受来自社区的压力。C 组织兼具教育和具身性的垃圾分类和处理知识的展演的确起到了影响"观众"行为的作用。2021 年 7 月 C 组织发动教育站所在牧业村创建"零废弃社区"，目前已与该村牧委会签订合作协议，具体行动策略还在进一步商讨中。这些工作不仅以报告的形式向提供资金的基金会汇报，同时也被纳入曲县环境部门政绩。虽然在偏离交通枢纽的牧区深处，只有 C 组织和当地牧民开展的捡垃圾等环保行动而缺少"观众"，但现代化的传播媒介让活动照片和视频在微信、抖音等网络平台传播，也以简报的形式呈现给各级政府和基金会，那些社交网络的用户、上级部门和基金会就成为事实上的"观众"。2020 年的藏历新年期间，曲县一些参加过生态教育培训的牧民在微信平台上发了一些节庆照片，招待客人的桌子已经不再像过去一样，堆满各种垃圾食品。从这一细节性变化可以看出，C 组织关于垃圾分类和环境保护的各项实践，借助道德约束和经济激励起到了调动微观层面个人能动性的作用，部分改变并减少了垃圾食品的消费行为，自然也就降低了垃圾的产出，减轻了垃圾治理的前端压力。许多牧民参与社区垃圾治理的集体行动，逐渐表现出或者实际上获得了某种道德满足感，而一定的经济激励也有助于激发人们的生态公民意识。不过，要彻底改变当地牧民垃圾分类和处理方式，是一个长期的问题，需要提升垃圾处理能力，同时更好地激发当地牧民行动的动力。

---

① 孟根图娅、尹雪峰、常和等：《放牧区居民生活垃圾治理模式与策略研究》，《干旱区资源与环境》2021 年第 4 期。

四 结论

相对于青藏高原野生动植物保护等显性议题，"捡垃圾"行动是一种未被特别关注的但需追求合作的实用主义环保实践，其已经完全超越了传统拾荒者行为所指代的意义，而是"重组环境的一种积极努力"①。在当下共建生态文明的背景下，从戈夫曼的拟剧论入手分析社会组织的日常"捡垃圾"行动如何通过其"展演性"与"观众"互动，以促进更多环境主体加入环保实践活动，同时塑造行动者支持环境的态度和行动，弥补环境治理中宏观结构与运动式治理之间的缝隙，具有非常重要的现实意义。L组织的志愿者、C组织的藏族生态教师都在"捡垃圾"行动中进行着类似的环保"表演"，其环境身份意识与环保实践互构，虽然角色属性并不相同。L组织志愿者的劳动是无偿的，以说服性的、感染性的行动为主；C组织的生态教育者则以微薄的工资回报获得了教师身份，并借助传统生态文化和其官方背景的共同作用。② 在捡垃圾"表演"过程中，"演员"（志愿者和生态教师）会受到组织规则的引导和自身从事的亲环境行为实践的影响，提升垃圾分类技能，同时被行为规训，形成环境主体的自我意识，塑造自身和组织的环保主义者形象。如L组织招募志愿者时要求在完成1个月的驻站任务后，志愿者"回到原居住城市必须继续在当地开展有关L组织相关项目的环保宣传活动，如环保讲座等"③；C组织则要求生态教师收集、整合、宣传当地传统生态文化和自然资源，并服务好地方牧民。"演员"与"观众"之间的互动情况也不同，L组织的志愿者"捡垃圾"对于往来的游客而言，观看的机会很少且时间极其短暂；C组织立足于当地，影响对环境负有责任的牧民和地方政府对待垃圾的态度并产生行动，是一项长期的工作。

在三江源区垃圾治理事项中，社会组织的"捡垃圾"行动与其他环境主体的不断互动，吸引了广泛的社会力量为地方政府提供支持，部分补充了地方政府的垃圾治理能力的缺失。在建设美丽中国的背景下，这种环保

---

① 〔英〕玛丽·道格拉斯：《洁净与危险》，黄剑波等译，民族出版社，2008，第2页。
② 接受访谈的当地牧民GY表示："藏族人有句话叫不尊敬老师连狗都不如。我们都很尊敬这些年轻老师，每次生态教育培训都记很多笔记，回家就再讲给自己的孩子还有那些没来参加培训的亲友。"
③ 参见《L组织驻站志愿者承诺书》。

实践经验需要被重新组织,并赋予不同的意义。对于两个社会组织而言,单纯"捡垃圾"从来都不是主要目的,吸引更多当地人参与、改变生活方式、影响政府决策、改善生活环境才是其日常性行为建构的真实意图。如果仅仅依靠社会组织的环保实践,就像其他社会互动一样,"这些共同在场的个人及其行为所形成的'社会聚集'(social gathering)是一个处于不断变动过程中的互动实体,它必将是短暂的,易凋零消散,随着参与者的到来而创生,又将随着他们的离去而消亡"[①]。因此,在生态文明建设中处于主导地位的政府必须将垃圾与新的道德的形成以及自我行为的调整联系起来,通过环保主义、传统生态道德以及经济手段、行政权力等社会框架约束,形成完善的垃圾治理体系,以促进每个环境主体的长久行动,最终实现青藏高原农牧区人居环境的优化。

---

① 王晴锋:《戈夫曼的微观社会学:一个综述》,《内蒙古民族大学学报》(社会科学版)2019年第1期。

铸牢中华民族共同体意识视域下牧区治理何以有效？
——以 X 旗"北疆红色堡垒户"建设工作为例

郑泽玮[*]

摘　要：牧区治理何以有效是新时代政治学、民族学、边疆学等学科均需关注的研究议题之一。在铸牢中华民族共同体意识的视域下，以 X 旗"北疆红色堡垒户"建设工作为例分析牧区治理何以有效，可以得出牧区治理需要尊重牧区客观现实条件的特殊性、需要尊重牧民参与治理的主体性以及需要充分认识维护巩固牧区团结氛围的关键性的结论。

关键词：铸牢中华民族共同体意识　牧区治理　北疆红色堡垒户

一　引言

牧区，尤其是边疆牧区是近年来我国各项方针政策重点关注的区域之一。牧区治理现代化是我国推进国家治理体系和治理能力现代化过程中必不可少的重要方面。探索牧区治理现代化的实现路径既有经济价值，又有政治意义。在经济层面，受地理位置、自然环境等多方面复杂因素的影响，边疆牧区相较于其他地区而言，在经济发展上通常会面临更多客观条件的限制，较为普遍地存在社会发展水平相对落后、产业现代化发展水平相对较低、基础设施配套相对不完善的情况[①]，在一定程度上可以说是我国全面

---

[*] 郑泽玮，河南大学民族研究所/铸牢中华民族共同体意识研究中心副教授。
[①] 高永久、冯辉、时鸣泽：《西部边境牧区的经济社会政治发展水平与政策研究——基于新疆、西藏、内蒙古的区际差异》，《贵州民族研究》2020 年第 10 期。

实现国家治理体系和治理能力现代化的薄弱环节。在政治层面，边疆牧区占据着独特的地缘政治位置，处在中国与周边国家命运共同体、中华民族命运共同体建设的交汇空间[1]，在我国改革发展稳定大局中占有重要的战略地位。

在牧区治理现代化的相关工作中，牧区治理何以有效是学术界和实务界都无法规避的一个重要议题。但在过往的研究中，学者们很少将牧区治理何以有效凝练作为一个单独的学术问题，更常见的做法是从国家层面或者乡村层面整体地探讨治理问题，较少关注到其中的牧区治理与农区等其他区域治理的差异性。事实上，受到牧区地缘位置、人文、生态环境、交通等因素的影响，牧区的生产生活方式与其他区域有着较为明显的不同，其所适用的治理方式也与其他区域所适用的治理方式有一定的差别。[2] 因此，从理论和实际两个方面来看，研究者均有必要将牧区治理何以有效作为一个单独的学术问题予以研究。此外，在分析这个问题时，我们还需要考虑到牧区治理现代化的时代背景与牧区的民族属性：牧区治理现代化的时代背景为中国特色社会主义新时代；牧区的民族属性即指我国牧区通常属于民族地区这一客观事实。并在此基础上，意识到牧区治理现代化与铸牢中华民族共同体意识的紧密关联。[3] 综上，我们以铸牢中华民族共同体意识为研究视域，以牧区治理为研究对象，以 X 旗"北疆红色堡垒户"建设工作为典型案例，采用单案例分析的方法，结合田野调查的资料，尝试在学理层面探讨中国牧区治理何以有效。

二 草原牧区：X 旗牧区治理的客观现实条件

既有研究成果指出，对草原牧区治理出路的研究需要建立在尊重草原牧区生态、历史、经济复杂性的基础上，需要建立在尊重在草原牧区世代生存的牧民的基础上。[4] 这便要求在研究中分析、了解牧区治理的客观现实

---

[1] 丁忠毅：《命运共同体建设视域下陆地边疆治理现代化研究》，《广西民族大学学报》（哲学社会科学版）2017 年第 3 期。
[2] 祁志伟：《社会资本何以驱动公共文化服务供给模式创新——对民族地区 T 牧区的考察》，《图书馆论坛》2021 年第 3 期。
[3] 高永久、赵之昕：《边境牧区各民族铸牢中华民族共同体意识的问题聚焦与路径优化》，《贵州民族研究》2021 年第 4 期。
[4] 达林太、郑易生：《牧民与市场——牧民经济学》，社会科学文献出版社，2010，第 10 页。

条件，充分认识到草原牧区的特殊性，抛弃"模仿者心态"。从本文所获得的实地调研资料来看，X 旗牧区治理的客观条件包括牧民的流动性特征、抵边居住的政治需要以及民族成分多样且少数民族人口占比较高等。这种客观条件普遍存在于我国的边疆牧区中，且 X 旗是牧区现代化建设工作的试点地区，以"北疆红色堡垒户"为重点的牧区治理工作充分尊重了牧区的特殊性，取得了一定的积极效果。综上，笔者认为 X 旗"北疆红色堡垒户"建设工作是学术界理解牧区治理何以有效的一个典型案例，分析讨论 X 旗牧区治理的客观现实条件与"北疆红色堡垒户"建设工作将有助于我们更加深入地理解牧区治理何以有效。

（一）牧民的流动性特征

有研究者指出牧区治理的过程需要充分认识到牧民的流动性特征。[1] 调研发现，X 旗牧区治理的客观现实条件即具有较为显著的"流动性特征"。首先在生产方式上，X 旗区域内生活的人民一直保留、传承、经营着游牧的生产方式。虽然家庭联产承包责任制在草原施行后，X 旗的牧场逐渐承包到户，传统的游牧路径被相对割裂导致该区域内传统的游牧方式有所衰微。研究成果发现，传统的轮牧、游牧方式更适合草原生态的休养生息、更具科学性[2]，X 旗的牧户们通过发展集体经济或成立合作社的形式，又将割裂的牧场重新聚合起来，并尝试将传统的游牧方式与现代化的产业发展结合起来，推动形成新游牧文化。所以直至今日，游牧这种流动性的生产方式仍是当地区域性经济的重要组成部分。其次在生活方式上，X 旗内许多牧民仍保留有在蒙古包中居住的习惯。比如在 21 世纪初期，X 旗人民政府在充分考虑、尊重蒙古族生活习俗特点的基础上，为散居在草原上的贫困牧户、五保户、孤寡老人集中修建了 50 座可供居住的蒙古包，并在辖区内以蒙古包的形式设立了可以流动的图书馆、党日活动室等公共服务基础设施。当然，伴随着经济发展与社会进步，牧民们的生活条件也有所改善，许多牧民选择居住在移动速运车（宿营房）中。这种车的围墙有 50 厘米厚，冬暖

---

[1] 包智明、石腾飞：《牧区城镇化与草原生态治理》，《中国社会科学》2020 年第 3 期。
[2] Olsvig Whittaker, L. S., Hosten, P. E., Marcus, I., et al., "Influence of Grazing on Sand Field Vegetation in the Negev Deser", *Journal of Arid Environments*, 1993, 24 (1): 0-93.

夏凉，可以满足牧民们的生产生活需求，一些牧民还配套装有风力发电机或太阳能发电机，能够带动基本的电器运转。为了发展旅游业，还有一些牧民购置了草原房车，这种房车能够以牛粪作为燃料，尾气排放量较小，既绿色清洁，又能保证室内环境的干净卫生。总体而言，当代牧民的生活条件有了显著的改善，但仍然保留有显著的流动性。

牧民流动性的保留一方面传承自当地蒙古族代代相传的地方性知识体系，源于当地牧民的生产生活传统，即牧民们习惯在可游牧的范围内实现日常放牧流动、季节内的短距离流动和季节间的远距离流动。另一方面是因为流动的生产生活方式与草原生态环境的高适配性，比如，春夏季居住在相对凉爽的沿河一带，并以沿河的牧场为夏营地；秋冬季居住在相对暖和的山脚地区，并以靠山的牧场为冬营地。所以，即使在大部分牧民实现了定居与半定居①的今天，传统流动性的生产生活方式仍有其存在的合理性与必要性，成为牧区治理必须考虑的客观现实条件之一。

（二）抵边居住的政治需要

除了游牧的生产生活方式所带来的牧民的流动性之外，X 旗境域内还散布大量抵边居住的边民。依据 X 旗人民政府官方网站发布的数据，2019 年度，X 旗境域内有一线边民近 8000 人，非一线边民超 6000 人。其中，一线边民是指户籍在抵边嘎查（村）且每年在该嘎查（村）居住 6 个月以上的牧区居民，非一线边民指户籍在抵边苏木（乡镇）且每年在该苏木（乡镇）居住 6 个月以上的牧区居民。为了改善边境居民的生活条件、提升边民的归属感，X 旗自 2016 年以来逐步落实边境居民生活补助政策，为抵边居住的人民发放生活补贴，仅 2021 年就发放边境居民生活补助资金 5441.1 万元。抵边居住需要牧民们对伟大祖国、中华民族、中华文化、中国共产党、中国特色社会主义有较高认同感，需要牧民们主动承担守边、护边职责，主动担负军警部队后勤保障工作，在放牧之余执行边境派出所派发的巡逻任务，一边放牧，一边巡护边境情况，需要牧民们自发自觉地一切以国家大局为重，不计个人得失。因此会对当地的牧区治理工作提出更高标准的政治要求。

---

① 半定居是指牧民春夏季前往草原放牧而分散居住，秋冬季回到定居点过冬而集中居住的居住格局。

近年来，学术界和实务界愈发关注牧民抵边居住在守卫边疆与保护国家安全中发挥的积极作用。① 中央人民政府和各级地方人民政府相继出台了许多边民政策，用以鼓励区域内居民抵边居住、以家固边。② X旗作为边境旗，鼓励、引导区域内牧民抵边居住、自觉参与边境治理活动便成为其牧区治理工作的重要内容之一。而抵边居住所带来的牧民居住点相对分散、生活物资保障成本相对较高等情况则成为X旗牧区治理必须面对的客观现实条件。

（三）民族成分多样且少数民族人口占比较高

民族成分多样且少数民族人口占比较高是X旗牧区治理工作的又一客观现实基础。首先是在民族构成上，X旗境域内有汉族、蒙古族、回族、满族、达斡尔族、鄂温克族、鄂伦春族等14个民族，民族成分较为复杂。其次是在人口构成上，X旗人民政府官方网站发布的数据显示，X旗是以蒙古族人数占多数的民族地区，蒙古族人口数量约占当地人口总数的84%。

X旗作为边疆民族地区呈现民族文化多样化、宗教信仰复杂化、人口分布差别化等特点，相关治理工作也更具挑战性。③ 鉴于中国边疆民族地区治理模式与其他地区治理模式在知识体系、生活方式和思维模式等方面存在一定的差异性，包括X旗在内的边疆牧区治理不仅要置身国家治理体系和治理能力现代化的整体框架中，还要充分融合边疆民族地区人民的传统文化、行为习惯、生活愿景等要素④，受边疆民族地区地缘政治、技术扩散、民族宗教等因素的制约。⑤ 相应的，在牧区治理的具体方式上，X旗也需建设"人人有责、人人尽责、人人享有"的社会治理共同体，从内部不断铸

---

① 丁忠毅：《十八大以来习近平关于边疆治理的重要论述研究》，《社会主义研究》2019年第1期。
② 孙保全、常玲：《家国共同体：边民守土固边的基础性逻辑》，《西北民族大学学报》（哲学社会科学版）2021年第2期。
③ 罗敏、陈连艳、周超：《边疆民族地区农村治理能力现代化研究——基于共生理论的分析》，《广西民族研究》2016年第6期。
④ 黄建生：《民族志视野下的边疆民族地区治理体系和治理能力现代化研究》，《湖北民族大学学报》（哲学社会科学版）2021年第1期。
⑤ 朱懿、韩勇：《扎根理论视域下边疆民族地区社会治理创新研究——基于新疆维吾尔自治区的实证分析》，《西南民族大学学报》（人文社科版）2016年第7期。

牢中华民族共同体意识[①]，以铸牢中华民族共同体意识为牧区治理的行动指南，团结区域内各族人民齐心协力、和衷共济。[②] 总之，民族成分的多样且占比较高的少数民族人口要求 X 旗牧区治理工作更多地关注民族团结的根基性与重要性，重视人民群众的意愿与情感在牧区治理工作中的重要地位，强调铸牢中华民族共同体意识是边疆民族地区一切治理工作的主线。

三 北疆红色堡垒户：牧区治理的新兴力量

习近平新时代中国特色社会主义思想系统地回答了新时代背景下"由谁治理"的问题，明确指出我国探索出的有效治理模式为"党委领导、政府主导、社会协同、公众参与、法治保障的体制机制"[③]，治理主体包括各级党组织、各级政府部门、各类社会组织以及广大人民群众。既有研究成果认为，新时代背景下的牧区治理需要更加关注牧民、边民作为治理主体的特殊责任，需要进一步引导他们铸牢中华民族共同体意识。在此背景下，北疆红色堡垒户是 X 旗基于当地牧民居住分散、生产生活方式流动性强的地域特点，"一地靠三边"的独特地理位置和民族成分多样、民族团结重要性突出的工作实际着力建设的牧民党员示范群体。其职能作用包括"八员八点"："八员"是指北疆红色堡垒户要做到党组织的协管员、为民服务勤务员、增收致富引领员、文明新风推广员、生态保护示范员、社情民意信息员、矛盾纠纷调解员、边境安全防护员，"八点"是指北疆红色堡垒户要在学习教育、产业带动、民俗文化、民族团结、创业就业、社会救助、维稳戍边等八大点上着力。其宗旨在于延伸党建工作触角，拓宽党员联系服务群众渠道。总体来看，北疆红色堡垒户的建设工作是 X 旗基于自身牧区治理的客观现实条件，有意识、有组织地在牧民中培育出的新兴治理力量。

X 旗北疆红色堡垒户的选拔工作主要在当地的党员群体中开展。选拔原则为"居住相邻、易于集中、人数适中、便于活动，牧民认可、组织批准"。选拔条件为"思想政治素质好、带头致富能力强；责任服务意识好、协调

[①] 李玲玲、孟凡丽：《社会治理共同体在边疆民族地区的实践模式探析》，《新疆大学学报》（哲学·人文社会科学版）2021 年第 4 期。
[②] 徐俊六：《铸牢中华民族共同体意识与边疆民族地区社会治理关系研究》，《宁夏社会科学》2018 年第 6 期。
[③] 《习近平总书记系列重要讲话读本》，学习出版社、人民出版社，2016，第 224 页。

办事能力强；群众工作基础好、睦邻和家能力强"。选拔方式为"牧民自荐、组织推荐、党员群众举荐"。选拔出的北疆红色堡垒户将与基层各级政府干部和各族牧民组成"旗领导班子成员+科局、苏木镇领导干部+嘎查干部+堡垒户+牧户"的一体化工作网络，从而保障其在牧区治理中成为打通"最后一公里"的桥梁、推进军警民联防的中坚力量以及维护巩固民族团结的纽带。

（一）成为打通"最后一公里"的桥梁

X旗评选出的"北疆红色堡垒户"立足于党员干部直接联系服务群众制度、融合城乡组织"结对共建"活动、军警地组织"共驻共建"活动等有效载体，形成了上联党支部、党小组，下联党员、牧民群众，旁联政府职能部门、军警部队的牧区党建工作网格化管理服务体系，有效应对了牧民的流动性带来的治理难点，打通了牧区治理的"最后一公里"。他们以嘎查党支部为核心、以党小组为基础、以牧民合作经营组织为依托、以"堡垒户"为单元、以牧户为辐射带动点，形成了牧区治理新模式，填补了牧区警务服务"盲点"，延伸了牧区基层党建工作触角，实现了牧区党组织的工作有形和有效覆盖的统一。在具体的操作方式上，当地的一位红色堡垒户，同时也是当地的嘎查支部书记、嘎查达对我们谈道：

> 红色堡垒户都是选出来的，像这个房子（指流动党日活动室）都是可以移动的，平时开会有需求的话就可以开过去。一个这样的移动速运车2万多元，也不贵，是草原上移动的公共服务、党建服务，平时开党支部会也会用这个。

同时，为了保障堡垒户能够切实发挥作用，X旗内各级党组织经常对红色堡垒户进行培训，形成了一支党性强、文化程度较高、家庭条件好、有较高威信和责任感的牧区治理队伍。

> 我们红色堡垒户是30户，都是我们周边的居民，我们平时有20多户户代表会一起开会、进行政策宣传和学习。平常也会去家里宣传……我们一年培训两三次，全旗的红色堡垒户都去，主要培训如何开展工作。

除了提供社会服务，X旗北疆红色堡垒户也重视发挥党员先锋模范作用。尤其是在产业发展上，X旗遵循增进共同性的精神，按照产业相近、规模适度、方便管理的原则，组织引导从事相同产业或相关产业的红色堡垒户、致富能人、合作组织负责人聚集到产业链上，将优势特色产业党支部、合作联社党支部等打造成"抱团发展"的"富民先锋"，用党建引领将民族团结与产业发展深度融合在一起，同时打通了牧区治理中产业发展的"最后一公里"，在一定程度上解决了游牧的生产生活方式难以形成规模效应的问题。

（二）推进军警民联防的中坚力量

X旗的北疆红色堡垒户集"蒙古包哨所""牧民哨兵""草原110"职责为一身。他们充分利用自身熟悉地形、了解沿边环境的优势，积极发挥维护稳定关节点的作用，组织周边牧民群众开展联防联治、自防自治活动，协助边防军警做好外来人口管理、预防和打击边境犯罪活动、抗灾保畜等工作，具体工作内容包括：向边防派出所提供案件线索，协助破获刑事案件，协助查处治安案件，协助抓获网上在逃人员，协助调解民事纠纷，提供群体性事件预警信息等。他们为解决基层矛盾纠纷，消除社会不稳定因素，维护边疆安全发挥了积极作用，是推进牧区治理中军警民联防的中坚力量。当地组织部的一位干部向我们介绍：

> 北疆红色堡垒户，还有蒙古包哨所和牧民哨兵，之前都是武装部重点打造的，他们在边境线上也是依托堡垒户来开展这个工作，配合边防大队、基层派出所，开展巡逻、巡边的活动。因为边境线上的牧户特别多，咱们的边防大队、基层派出所辐射范围还是不到位，边境线上的堡垒户协助他们巡边，有什么情况就及时向边防大队、基层派出所报告，形成了一个单独的联络机制。这也符合中央强调的"党政军警民"一体稳边固边。

同时，北疆红色堡垒户利用游牧轮牧、接羔保育等生产时机，发挥政策法规宣传点的作用，协助边防连队和公安边防部门用民族语言向牧民群众宣传《内蒙古自治区边境管理条例》《治安管理处罚法》以及国家安全工作相关知识、消防常识等,以此带动更多牧民参与到"组织联建、边境联守、治安联防"的联建联创活动中,受到了牧民群众的欢迎和认可。

(三)维护巩固民族团结的纽带

北疆红色堡垒户的建设一方面打通了"最后一公里",回应了 X 旗牧区治理中牧民流动性强带来的治理成本较高、治理难度较大的问题;另一方面为推进军警民联防提供了中坚力量,提高了团结稳边的效率,回应了 X 旗牧区治理中牧民抵边居住的政治需要。除此之外,北疆红色堡垒户也是维护巩固当地民族团结的重要纽带之一,回应了 X 旗牧区治理中民族成分多样、少数民族人口占比较高的客观现实条件。

首先,X 旗红色堡垒户建设的初衷之一是将党组织的触角延伸到草原腹地、延伸到牧民身边,推动当地的民族团结进步创建工作与经济社会发展工作相融合,既带动牧民致富,也发挥凝聚人心的功能。当地一位苏木书记在向我们介绍红色堡垒户建设工作时谈道:

> 农区是一个党员中心户,牧区更多地(关注)这个选人的标准。跟农区不一样,我们牧区的戍边、民族团结,在边境县的作用比农区更突出。这些人不管是民族团结也好,平时戍边也好,组织一些学习活动也好,都有一些作用……红色堡垒户图标体现的意思就是牧民都往堡垒户家里头集中,就是向心力的意思。

其次,红色堡垒户可以代表基层党组织到群众身边宣传最新的政策和精神,用牧民们听得懂的形式大力宣传党中央的国家政策和指示精神,同时力所能及地帮助牧民们解决生产生活中遇到的问题,比如帮助牧民们打马印、接羊羔、取快递、买东西等。一些地方还设立了流动博物馆、流动图书馆、流动党日活动室、流动蒙古包讲学室等流动性较强的公共服务基础设施,有效实现让民族团结思想走到牧民、边民身边,走进各族群众心里。还有一些地方以当地的传统节日集会为契机,利用牧民们聚集的机会宣传民族团结进步思想。

最后,红色堡垒户在实际工作中也发挥调解纠纷的作用。他们利用居住近、语言通、情况熟等优势,积极开展矛盾纠纷排查调处工作,切实将矛盾和问题解决在萌芽、化解在基层，从而有效推进了当地的和谐家园建设工作，维护巩固了当地社会的民族团结氛围。

四　维护巩固团结：牧区治理行之有效的关键

新时代，习近平总书记多次强调要以铸牢中华民族共同体意识为主线，不断巩固各民族大团结。"中华民族一家亲，同心共筑中国梦"既是新时代我国民族团结进步事业的生动写照，也是新时代我国民族工作创新推进的鲜明特征。[①] 综观 X 旗牧区治理工作取得良好成效的原因，一方面在于其着力推行的北疆红色堡垒户建设工作精准回应了牧区治理的客观现实条件。更为重要的是，北疆红色堡垒户建设工作很好地维护巩固了当地社会的团结，将团结思想深入融入治理，切实做到了维护巩固当地的党群团结、社会各界团结与民族团结，并以铸牢中华民族共同体意识为民族地区一切治理工作的主线。这也符合学术界中一些学者提出的，将铸牢中华民族共同体意识明确为我国边疆牧区现代化治理的关键目标和价值引领，将民族团结视为边疆牧区现代化治理的重要因素的观点。[②]

（一）党群团结：坚持党的团结带领

X 旗组建的红色堡垒户队伍格外注重发挥其在密切党群关系、维护巩固党群团结上的作用。这支队伍中的党员们经常与服务区内的牧民开展谈心谈话、扶贫帮困等活动，当地的牧民群众甚至已经形成了"有事找堡垒户"的习惯。在笔者的调研走访中，有受访者提及当地的"两委"班子以"党支部+主题党日活动"为载体，极大地增强了各族群众的凝聚力，涌现了多位先进代表，获得了当地牧民的高度认可。例如，有一位牧民高度赞扬了当地开展的党支部活动：

> 他们"两委"班子特别团结，凝聚力特别强。有一个给我印象特别深的事儿，就是 2018 年冬天，我们去嘎查的党支部参加活动，他们

[①] 巴特尔：《铸牢中华民族共同体意识——学习贯彻习近平总书记在全国民族团结进步表彰大会上的讲话精神》，《求是》2019 年第 23 期。

[②] 高永久、冯辉：《边境牧区各族民众铸牢中华民族共同体意识的关键性要素》，《实践》（思想理论版）2021 年第 3 期。

每个月固定的一天开展党支部活动，雷打不动一直这么坚持。大冬天的，书记和"两委"班子成员羽绒服里面还穿着西服和衬衫。当时我们都特别震撼，党委班子重视党支部活动，每次都着正装。党支部班子特别团结，凝聚力强，他们心往一处想，劲往一处使。嘎查的集体经济发展特别好。班子里面的优秀人物、典型人物也比较多，能够带动群众发展集体经济。老百姓对这些党员都特别认可。

X旗基层党组织借助北疆红色堡垒户建设工作和牧民党员结合民族团结、乡村振兴、边疆稳定等中心工作，将自身的政治功能与服务功能相结合，在团结带领广大党员、群众在经济社会发展的主战场、第一线发挥作用的同时不断强化自身的服务功能。在党群团结思想的指引下，X旗各级党组织统筹考虑基层党支部班子建设、党员队伍、生产习惯、牧民意愿、草场面积、产业发展、民生救助、和谐稳定等综合情况，通过北疆红色堡垒户的建设工作将党和政府的温暖关怀送到群众心坎上，从而将党组织的活动与当地牧区治理的各项工作紧密结合起来，实现了党组织对牧区治理各项工作的团结带领。

（二）社会各界团结：党政军警民合力治边

在边疆牧区治理的问题上，学界普遍认为应该重视边民治理意识的培养，提升边民在边境治理中的地位，团结凝聚边民力量。一般认为，在《兴边富民行动"十三五"规划》《国务院关于支持沿边重点地区开发开放若干政策措施的意见》《关于加大边民支持力度促进守边固边的指导意见》《关于新时代加强党政军警民合力强边固防的意见》等相关政策文件的指示下，边疆牧区治理应该通过机制创新、福利保障、管理培训、组织动员等方式强化边民在边境治理中的主体身份，把握、平衡好边民兼具治理主体与治理客体的双重角色，以使其更好地发挥安居守边、定心守边的作用。[①] X旗借助红色堡垒户建设工作，通过强调维护巩固社会各界团结的方式，较好地实现了密切党政军警民团结关系的目标。

---

① 夏文贵：《论边境治理中边民角色的转换与重塑》，《湖北民族大学学报》（哲学社会科学版）2020年第3期。

（三）民族团结：各族人民共同繁荣发展

在北疆红色堡垒户的工作中巩固民族团结也是 X 旗牧区治理工作的主要关切点之一。首先，在民生发展中巩固民族团结。民生发展包括牧民生活条件改善和经济产业发展两个主要部分[①]，关系着各族群众的切身利益。北疆红色堡垒户作为增收致富引领员，将各民族共同繁荣发展、共享发展成果的新发展理念践行于实际工作中，有效提高了周边牧民的获得感、幸福感与安全感，无形中增加了边境牧民的"五个认同"。

其次，积极开展民族团结思想的宣传工作。在民族团结进步思想的宣传上，一些有一定理论水平的党员组成了"马背宣讲团"，他们面对牧区牧民居住地较为分散、偏远，有的地方不便通车等客观现实情况，采取马背骑行的方式进行宣讲，确保民族团结思想能够传递给每一户牧民，也能够面对面地听取牧民们的意见，力所能及地帮助牧民们解决生产生活中遇到的困难。有红色堡垒户谈道：

> 民族团结工作是我们地方党委和政府高度重视的。我们这个苏木，有蒙古族、汉族、达斡尔族等民族，XX 嘎查都是蒙古族。平时会给牧民宣传民族团结和铸牢中华民族共同体意识。牧民没有抵触心理。一般都是党员干部进行宣传。

可以说，北疆红色堡垒户建设工作带动宣传了党中央和中央人民政府的各项政策，既增强了区域内各族群众对中华文化的认同感，又促进了各民族之间的交往交流交融，提高了牧区牧民的思想觉悟，从而有效提升了牧区治理工作的效果、效率与效能。

五 结论与讨论

在铸牢中华民族共同体意识的视域下，以 X 旗北疆红色堡垒户建设工作为例，对牧区治理何以有效的问题进行分析后发现，牧区治理行之有效

---

① 郑功成：《中国共产党百年历程与中国民生发展的不断飞跃》，《人民论坛·学术前沿》2021 年第 20 期。

的保障主要有三点。一是充分认识到牧区治理工作的特殊性,认识到牧区与其他区域在牧民的流动性特征、抵边居住的政治需要以及民族成分多样且少数民族人口占比较高等方面存在的差异,并在牧区治理工作中针对这些差异做出相应的回应。二是充分认识到牧民、边民在牧区治理,尤其是边疆牧区治理中的关键作用,要有意识地调动牧民、边民参与牧区治理的积极性,并有组织地培育牧民、边民参与牧区治理的能力,最终打造出一支以北疆红色堡垒户为代表的,能够打通牧区治理"最后一公里"、推进党政军警民联防、自觉自发维护巩固民族团结的,由牧民、边民主动参与形成的新时代牧区治理力量。三是充分认识到维护巩固团结在保障牧区治理各项工作行之有效中的重要性。牧区治理中的维护巩固团结包括党群团结、社会各界团结与民族团结多个层面。维护巩固团结既符合以铸牢中华民族共同体意识为党的一切民族工作主线的精神,又能够提高牧区治理的效果、效率与效能。

当然,牧区治理何以有效是一个范围广泛的学术研究议题,需要民族学、政治学、管理学等多个学科学者的共同努力。本文仅在铸牢中华民族共同体意识的视域下,采用单案例的研究方法,从民族政治学方向提出一些拙见。在新时代背景下,在铸牢中华民族共同体意识理论的指引下,牧区治理何以有效的问题仍需在充分考虑牧区的特殊性之后,从治理体系现代化和治理能力现代化两个方面进行更加精细化的研究与突破。[①]

---

① 王力平:《要素转变与精细治理:乡村振兴战略下的农村牧区社会治理》,《贵州民族研究》2019 年第 4 期。

一个人造绿洲中人与环境的互动
——基于石河子垦区的个案分析

孙荣垆[*]

摘　要：在石河子垦区这一人造绿洲形成和发展过程中，始终存在经济发展与环境保护之间的矛盾。在经济发展和环境保护的双重压力下，绿洲地区人与自然环境的关系更为微妙和复杂，解决绿洲地区人们发展与环境保护之间的矛盾不仅需要科技，更需要人们建立起一种适合当地的生态文化。

关键词：绿洲　生态文化　生态环境

前　言

如何处理人与自然生态环境之间的关系是人类自诞生以来就必须要面对的问题。人类要生存延续，就必须从自然生态环境中获取自身生存和发展所需的各种资源，为此人类创造出了各种物质的、制度的和意识形态的不同层次的文化。随着科技的发展，人类获取资源和改造自然环境的能力有了很大提高。但自然环境有其自身规律，在改造自然环境的过程中人们往往片面追求经济利益而忽视对自然生态环境的保护，继而造成一些生态环境问题。如何在满足人类社会发展需要的同时保护好生态环境是现阶段人类社会面临的主要问题之一。

人与自然环境的关系是人类学所关注的主要问题之一。日本著名人类学家绫部恒雄认为："综合性地研究人类生活的人类学，大体上可以分为主

---

[*] 孙荣垆，河南大学副教授，中央民族大学民族学博士。

要研究社会和文化方面的文化人类学和主要研究社会和生态学方面的生态人类学。"[1] 我国学者李霞认为，生态人类学是一门用人类学的理论和方法研究人类、生态环境及文化之间关系的学科。[2] 生态人类学将人与自然环境的互动作为主要研究对象，它从文化的视角来研究人与自然环境的互动，有助于我们正确认识和解决当下人类社会所面临的生态环境问题。

绿洲是干旱气候区人们的重要栖居地，它为干旱气候区的人们提供了必需的水和食物以及各种资源。在全球人口数量持续增长和人类改造自然环境能力日益增强的情况下，干旱气候区的绿洲也更多地被人类所改造和利用。但绿洲这一生态系统相较于森林、草原和海洋等其他生态系统更具脆弱性。这使人们开发、利用绿洲的过程中要处理更加复杂的人与自然环境之间的互动关系。我国西北干旱地区拥有众多绿洲，生活在绿洲中的人们通过长期的探索创造出了灿烂的绿洲文化。中华人民共和国成立后，新疆生产建设兵团开垦出了石河子、奎屯等许多人造绿洲。这些绿洲是人对当地自然环境的成功改造。但随着人口的不断增长和人们片面追求经济发展速度，新疆的绿洲也面临不同程度的生态环境问题。这引起了国内一些学者的关注。长期从事生态人类学研究的崔延虎教授初步探讨了在绿洲这一特殊生态环境中社会、文化与绿洲生态环境之间的关系。[3] 本文运用人类学田野调查的方法并结合相关历史文献资料，从生态人类学的理论视角对石河子垦区这一人造绿洲在开发和发展过程中人与环境的互动过程进行了分析。

一 作为独特生态系统的绿洲

绿洲是干旱气候区一种独特的自然生态系统，是三大地理景观（山地、荒漠、绿洲）之一。绿洲是干旱荒漠中有稳定水源，植物繁茂、生物活跃，具有一定空间规模，且明显高出周边环境的高效生态地理景观区。[4] 根据不同的标准可将绿洲划分为不同类型。根据地貌类型和水土条件的不同可将

---

[1] 〔日〕绫部恒雄：《文化人类学的十五种理论》，周星译，贵州人民出版社，1986，第145页。
[2] 李霞：《文化人类学的一门分支学科：生态人类学》，《民族研究》2000年第5期。
[3] 崔延虎：《绿洲生态人类学研究的若干问题》，《原生态民族文化学刊》2011年第2期。
[4] 王亚俊、焦黎：《中国绿洲分区及其基本类型》，《干旱区地理》2000年第4期。

我国的绿洲划分为沿河两岸阶地型绿洲、扇形地形绿洲、冲击平原型绿洲和三角洲形绿洲。① 而根据绿洲形成的自然原因和人为原因可将绿洲分为天然绿洲和人工绿洲两大类型。随着人类活动能力的提高和活动范围的扩大，绿洲也更多地被人类开发和利用。

新疆的很多绿洲主要靠内陆河流提供水源形成和发展。高山上的冰雪融化后汇聚成河流，河流在向下游流动的过程中携带的泥沙长年堆积在山下形成冲积扇平原。河流所携带的泥沙依据其颗粒大小在不同的地段沉积，颗粒较大的泥沙沉积在河流的上游，颗粒较小的泥沙沉积在河流的下游。而在水、土适宜的地方就会生长出植被。总之，在新疆的绿洲中，水、土壤和植被在地域分布上都具有非均质性。

二　石河子自然生态环境和社会历史概况

（一）石河子的自然生态环境概况

石河子垦区位于天山北麓中段玛纳斯河流域，准噶尔盆地南缘。垦区东临玛纳斯县，西临沙湾县，南倚天山，北靠古尔班通古特沙漠。石河子垦区是典型的内陆绿洲，垦区属大陆性气候，冬寒夏热，昼夜温差大，日照充足，年降水量110毫米~200毫米，② 2021年年降水量169毫米。③ 垦区自东向西分布着玛纳斯河、宁家河、金沟河、巴音沟河。2021年全年垦区水资源径流量18.25亿立方米，其中，地表水10.49亿立方米，地下水7.65亿立方米，再生水0.11亿立方米。淡水面积8.40千公顷，其中，可养殖面积占38.4%。年末，14座水库总容量5.75亿立方米。④ 相对丰富的水资源为垦区的发展奠定了坚实的基础，是石河子由荒漠变为"绿岛"的重要条件。石河子垦区地形多样，主要分为三大地形区：高山区既是水源区也是生态功能区，冲积扇平原区是主要的农业区，此外还有荒漠区。

---

① 王亚俊、焦黎：《中国绿洲分区及其基本类型》，《干旱区地理》2000年第4期。
② 赵予征：《新疆屯垦》，新疆人民出版社，1991，第293页。
③ 《八师石河子市2021年国民经济和社会发展统计公报》，http://www.shznews.com/2022/04/01/994579.html，最后访问日期：2022年4月1日。
④ 《八师石河子市2021年国民经济和社会发展统计公报》，http://www.shznews.com/2022/04/01/994579.html，最后访问日期：2022年4月1日。

（二）石河子垦区的社会历史概况

石河子原是位于乌伊公路上的一个小镇，1944 年有小店铺、作坊 13 家，周围有农户 20 余家，共 200 余口人。1945 年秋，由于战乱，居民大部分东迁，街市萧条；1949 年 9 月新疆和平解放后，人口日增。1950 年解放军进驻时，有维吾尔族、哈萨克族居民 20 户，迪伊公路以南数 10 公里内有散居农牧民六七十户。① 从 20 世纪 50 年代开始，经过几代兵团人的艰苦奋斗，石河子垦区从人烟稀少、满地荒草的戈壁滩逐渐变成良田连片、绿浪翻滚的城镇人口稠密的人造绿洲，成为戈壁滩上的一座"绿岛"。

三 石河子垦区开发过程中人对自然环境的改造

美国著名人类学家马文·哈里斯认为：人类所有的文化特征都是对自然环境适应的结果。② 在开发建设石河子绿洲的过程中，人们通过与当地自然环境的互动，形成了独特的绿洲文化。绿洲灌溉农业景观、绿洲城镇和防护林体系是石河子绿洲物质文化的重要组成部分，集中体现了人们在改造当地自然环境的过程中所形成的当地生态环境知识。

（一）对水的管理

在气候干旱的新疆，要解决驻疆部队的粮食问题必须发展绿洲灌溉农业。解决灌溉农业的用水问题成为第一代垦区开发者的首要问题。经过几十年的开发和建设，石河子垦区形成了集水库、各种大小渠道、机井于一体的农田灌溉系统。这套灌溉系统保障了绿洲农业的正常进行，在解决当地人粮食问题的同时，也为垦区其他产业的发展打下了坚实基础。

1. 大水漫灌时期

石河子垦区在开发初期，灌溉无定额，管理无制度，当时的条件比较艰苦，本地农民和军垦战士沿用传统的大水漫灌的方式来浇灌新开垦出来的土地。挖渠引水成为开垦初期石河子垦区各个团场屯垦战士都要做的工作。当时挖渠主要是在农闲的冬季靠人力用铁锹挖。石河子垦区首先统一

---

① 《农八师石河子市志》，新疆人民出版社，1994，第 117、120、253 页。
② 转引自李霞《文化人类学的一门分支学科：生态人类学》，《民族研究》2000 年第 5 期。

规划好渠道的宽窄和走向并将任务分配给各个团场,而团场又根据上级的要求将任务分配给各个连队。据现在的老军垦战士回忆,当时每名职工一天要挖够一定方数的土。经过几年的建设,石河子垦区最终形成了集水库、"干、支、斗、农、毛"等大小渠道和机井于一体的绿洲农田灌溉系统。就灌溉渠道来说,干渠是连接各个团场的大渠道,毛渠是条田间直接将水引到条田里的小渠道。这些渠道每隔一段距离都设有闸门以控制灌溉水量的大小。垦区开发初期由于条件艰苦,渠道都是土渠,大渠每隔几年就需翻修一次;而毛渠则需在每次灌溉时进行翻修。大水漫灌的方法不但耗费人力,水的利用率也不高。这些由军垦战士用铁锹挖出来的渠道将天山雪水最终引到各个团场。正是靠着这些渠道,石河子垦区的片片农田才得以形成。

2. 灌溉方法的制度化和科学化

为了节约用水,提高灌溉效率,石河子垦区的科技人员和军垦战士总结了很多灌溉方法和经验。1953年,石河子垦区试推行集中轮灌,在取得较好效果后成为制度。[1] 1955年,兵团统一安排,在23团农场和劳改支队设立2个灌溉试验站,分步作棉花、小麦的灌溉试验以探求灌溉与丰产的关系,后经多年实践,逐渐形成灌溉定额管理制度。[2] 1960年,石河子垦区因开始用水征费,灌溉单位节水意识增强,生产连队成立专业浇水班,并加强浇水作业管理和浇水工人的技术培训,逐渐形成了较为完善的灌溉定额和管理制度。[3] 为了提高灌溉效率,更好地利用垦区有限的水资源,石河子垦区先后成立了玛纳斯河、金沟河等水管处用于统一调配水源,新建及维修水库渠道等水利设施。20世纪70年代后期,垦区逐步建立起了用水调度系统,以农八师玛纳斯河管理处水利科为调度中心,直辖5个调度室及巴音沟河管理处调度室,对水的引、蓄、输、配,实行统一指挥,分级管理。[4]

曾经在石河子垦区金沟河水管处工作过的周某提起当年水管处的工作说道:

---

[1] 《农八师石河子市志》,新疆人民出版社,1994,第254页。
[2] 《农八师石河子市志》,新疆人民出版社,1994,第253页。
[3] 《农八师石河子市志》,新疆人民出版社,1994,第255页。
[4] 《农八师石河子市志》,新疆人民出版社,1994,第255页。

由于开垦面积比较大,几乎每年的水都不够用,当时管水有一个系统的管理方法和措施。渠道的水是按需分配的,水管处根据每个团场开垦土地面积的大小和当年的水资源量进行统一分配水,团里再根据每个连队开垦土地面积大小分配给每个连队。

在新疆水是比较珍贵的,大家用水比较谨慎,不能随便乱用。会有人偷渠道的水,在渠道边开口子挖渠偷水。对于这种行为我们水管处会派人在渠道巡逻以加强对水资源的保护。每隔不远渠道边都建有房子供看护维修渠道人员居住。为了调节金沟河的水量,我们在渠道附近建了一个小水库用于调节用水量;通常情况下渠道的水都不经过水库流入团场,只有在山上的冰雪融水量比较大时我们才将其一部分多余的水引入水库储存起来留着后面用。每年的五六月份水最大,八月份以后水量就变小了,冬天也有水,只是水量小。水管处有一整套管理渠道的方法和制度。渠道有很多闸,每年开春水管处都会组织人员检查巡逻渠道,维修渠道破损的部分。①

3. 滴灌技术的使用和普及

随着石河子垦区人口数量的增加和耕地面积的扩大,仅靠天山雪水已不能满足农业生产的需要,利用地下水资源成为越来越普遍的现象。20世纪90年代,由于职工生产积极性提高,大片土地被开垦出来,这更进一步增加了垦区的需水量。这一时期垦区那些距水源地较远的团场打井的现象已非常普遍。石河子垦区的150团位于垦区最南部,是垦区众多团场中距沙漠最近的一个团场。在全国都以经济建设为中心的大背景下,150团为了发展经济,大力鼓励开荒,团场为开荒的职工提供各种政策和经济上的优惠。根据150团一些老职工的回忆,在这一时期团场在古尔班通古特沙漠边缘地带新开垦的土地面积达十几万亩。新开垦土地的用水主要来自团场职工个人打的井。新开垦出来的土地虽然提高了个人和团场的经济收入,但也造成团场地下水过度开采的恶果。据当地老职工回忆,在150团开发的早期,在地下深挖2~3米就能获取地下水;但现在则需要深挖十几米甚至更深才能获取到地下水。地下水位的下降一度给150团的生态环境带来负面影响,

---

① 资料来源于笔者的田野调查访谈资料,访谈时间:2017年7月20日。

主要表现为团场附近的沙漠植被减少、风沙天气增多。

为了解决因过度开采地下水所带来的生态环境恶化问题，当地政府采取了相应的措施，如严格限制每年打井数量、严格打井审批制度、对不合理的打井行为进行惩处，此外禁止开垦新的土地，保护和营造沙漠植被。为了更好地解决水资源短缺的问题，石河子垦区把重点放在了提高水资源利用率上，从90年代开始推广滴灌技术。

石河子一家节水公司的田某亲身经历了滴灌在垦区的推广历程，他说道：

> 节水滴灌技术推广以后，石河子垦区的农业用水量就下降了很多。20世纪50到80年代石河子垦区一亩地最少的灌溉用水量是70立方米，这是国家订的标准。当时连队有浇水排。连队在浇水的过程中要计算一亩地浇了多少水。把地浇好又能节约用水的上级给评先进。滴灌技术推广后，一亩地的用水量是10立方米。滴灌刚推广时由于技术还不成熟必须用泥沙含量少的井水，现在有了过滤器也可以用渠道里的水了。水井或渠道的水抽出来后先经过过滤器，水中杂质被过滤后经过埋在地下的管道输送到各个条田的毛管里。毛管的直径有2厘米，毛管根据植物株距开眼，水从这些眼里流出，每根毛管灌溉一株植物，管道都有开关堡头。①

滴灌技术的推广和普及极大地提高了石河子垦区的水资源利用率，在很大程度上缓解了垦区水资源紧张的局势，为垦区的进一步发展打下了坚实基础。

石河子垦区农田灌溉系统的发展体现了当地人在与自然环境互动的过程中科技和管理制度所起的重要作用。水利设施的兴修和维护需要大量的人力，更需要对大量人力进行统一集中管理，这些都有赖于一个强有力的组织来进行领导和管理。正是因为特有的制度具有很强的组织性、纪律性和强制力，兵团才能在垦区开发初期条件极其艰苦的情况下满足对大规模水利设施建设的需要。这也体现了绿洲这一特殊生态环境对地方社会结构的影响。

---

① 资料来源于笔者的田野调查访谈资料，访谈时间：2017年7月17日。

（二）垦区城镇的形成与演变

石河子在新中国成立前是一个只有几十户农牧民的破败小镇，其土地除少部分被开垦外绝大部分都是荒地。解放军进驻石河子垦区后就着手对垦区进行勘探、测定以为建设新城做准备。1951年4月来自上海的建筑专家完成万分之一比例的《新疆省石河子新城计划总平面图》和两千分之一比例的《石河子新城第一期城市土地划分图》，规划目的是将石河子建成二十二兵团领导机关驻地、屯垦戍边指挥中心和玛纳斯河流域的开发中心；后来在这个规划的基础上进一步完善，20世纪80年代，石河子市革委制定《石河子市城市总体规划》。[①] 石河子在建城的过程中十分注重科学的规划和城市的绿化工作。经过几代人的努力，石河子从荒凉破败、人烟稀少的小镇最终发展成经济发达、环境优美宜居的现代城市。2000年9月22日，享有"戈壁明珠"美誉的石河子市被联合国人居署评为"联合国人居环境改善最佳范例迪拜奖"。在石河子市区发展的过程中，城市规划一直起着重要作用。

（三）150团四级防护林体系的形成

绿洲生态系统有着和周围荒漠生态系统完全不同的景观，绿洲往往被荒漠所包围，堪称荒漠中的"绿岛"。绿洲生态系统的脆弱性在于其存在和维持靠相对稳定和充足的水源。水源一旦消失或不足，整个绿洲生态系统的存续就会受到威胁；同时由于被荒漠所包围，绿洲很容易受周围风沙的侵蚀。人工绿洲的建立和发展除了要解决"治水"的问题，也要解决风沙问题。在建设石河子垦区的过程中，几代兵团人一直在努力治沙，在这个过程中形成了很多治理风沙的知识和经验。

石河子垦区的150团是距古尔班通古特沙漠南缘最近的一个团场，该团三面被沙漠包围，风沙灾害频发，其自然植被以梭梭、红柳为主。100多年前曾有人在莫索湾垦殖，但由于风沙、干旱肆虐，再加上战乱，最终居民弃耕迁往他处；20世纪50年代开垦时，此地已经荒置百年。[②] 据参与150

---

① 《农八师石河子市志》，新疆人民出版社，1994，第121~122页。
② 《一五零团场志》，新疆人民出版社，2000，第68页。

团初期开发的一些老职工回忆：1958年一场沙尘暴把地里的棉花全部打碎；1961年5月，这里刮了一场持续好几个小时的大风，导致当地1/5的农作物受灾。这样的惨痛教训使团场领导和职工下定决心解决风沙问题。在治理风沙的过程中，人们很快发现农田防护林具有较好的防风治沙效果。很快，植树造林成为团场长期以来的工作并取得了很大成果。经过三代军垦人的不懈努力，150团终于在沙海半岛上构筑起了以林为主，林、灌结合的荒漠防风固沙林、防风固沙基干林、农田防护林、人居绿化防护林四级生态防护"绿色屏障"。这套防护林体系取得了很好的生态、经济效益。首先，防护林减轻了风沙危害，保护了农作物；其次，防护林改变了区域小气候，使这里更易居；最后，林带为农场建设提供了大量木材。[①] 150团的风沙治理集中体现了当地人与其所处的自然环境的互动。经过数代人的努力，150团的居民探索出了一套科学有效的治理风沙的经验，创造了人进沙退的奇迹。

石河子垦区的绿洲灌溉农业景观、绿洲城镇和防护林体系是石河子这一人造绿洲的重要组成部分，绿洲灌溉农业为绿洲的存在提供生产生活资料，绿洲城镇是人们的主要生活场所和工业集中地，防护林为绿洲提供了生态保护屏障。我国长期从事生态人类学研究的周鸿教授认为："人类用文化来适应环境，也用文化来改造环境，环境在进化，从原始的自然环境进化到自然环境、人工环境和文化环境的复合环境。"[②] 石河子垦区的形成就是一个从以自然环境为主的复合环境到以人工环境和文化环境为主的复合环境的过程。在这个过程中，原来的荒漠戈壁景观变为农田、城镇景观。在人们成功改造石河子自然环境的过程中，兵团特殊的体制、科学技术发挥了很大作用，兵团人在改造当地自然生态环境的过程中形成了很多经验、知识和认识。这些共同构成了石河子垦区的生态文化。

四 垦区现有的主要生态环境问题

石河子人造绿洲从开垦初期到20世纪90年代都是以绿洲灌溉农业为主导产业，这种生计方式是当地人在与当地自然环境长时间互动过程中探索

[①] 《一五零团场志》，新疆人民出版社，2000，第463页。
[②] 周鸿：《生态文化建设的理论思考》，《思想战线》2005年第5期。

出来的,是对当地自然生态环境的一种成功的适应。但随着垦区社会经济的发展,工业化、都市化对过去原有的产业格局和生态平衡造成了冲击。

(一) 石河子城区城市化过程中的环境问题

石河子市在相当一段时间里是兵团重要的工业城市,市内有发电站、水电站、棉纺厂、粮油厂、糖厂等一系列工厂,垦区的工业以轻工业为主。20世纪90年代以来,在新疆生产建设兵团工业化、城镇化政策的刺激下,垦区的工业有了较快发展。石河子市有了一批在新疆乃至全国都有影响力的企业,一批化工、煤炭等高污染、高能耗企业在石河子市区周边建立起来。这些企业的建立促进了石河子市的经济发展,优化了石河子市的产业结构,为石河子市GDP的增长作出了重要贡献。但政府片面追求经济增长、忽视对当地生态环境保护的做法对垦区的生态环境带来了负面影响。

化工厂的兴建使石河子市的空气污染和水污染问题日益严峻。据相关媒体报道:2016年全市空气优良率同比下降5.8%,2017年上半年细颗粒物平均浓度同比上升30%;另外,蘑菇湖水库主要接纳石河子市生活污水和工业废水,污水处理厂没按时完工运营、城市污水收集管网不完善导致每天约6万吨生活污水直排;同时市化工新材料产业园中的水回用设施未能发挥作用,每天约4000吨工业废水直排水库,导致蘑菇湖水库水质自2013年以来持续为劣V类。[①] 石河子垦区近些年出现的生态环境问题,从根本上说是在绿洲这一脆弱生态系统中经济发展与生态环境保护之间的矛盾。

(二) 150团现阶段防护林存在的问题

150团也存在经济发展与生态环境保护之间的矛盾,并且在某一时间段这种矛盾还比较突出。首先,一方面,在团场禁止新开垦土地的情况下,林地面积的增加会造成职工耕地面积的减少继而影响职工收入;另一方面,林带影响农作物的采光、影响农作物的长势,并和农作物争夺有限的水资源。其次,在150团所处的气候恶劣的环境下,林带是必不可少的,林带能够有效减少风沙对农作物的破坏。虽然团场对林带的建设、更新和保护有一套成熟的规章制度,但有个别职工为了使自家庄稼长得更好而破坏林带。

---

① http://news.sina.com.cn/o/2018-01-02/doc-ifyqcsft9442887.shtml.

现阶段 150 团已经普及滴灌技术，但因为树木根系更深，滴灌技术不能很好地解决林带的灌溉问题。在团场现有的制度下，150 团的林带不会遭受大面积破坏。但在生态环境脆弱的 150 团，经济发展和生态环境保护的矛盾仍然并将长期困扰当地民众。

麻国庆教授认为："生态问题是特殊的社会问题，须把其置于社会结构中予以把握；要树立一种环境问题的整体观。"[①] 石河子垦区当下存在的大气污染、水污染以及防护林遭到部分破坏等问题从表面上看是生态环境问题，但在本质上是社会经济发展的问题，涉及经济发展方式、政策、文化等多个方面。

五　结论及讨论

"生态文化是人与自然协调发展的文化；广义的生态文化主要由人口、资源、环境、生态产业、生态体制、生态社会及生态社会风气组成。"[②] 几十年来三代兵团人在对石河子进行开发建设的过程中，通过与当地自然环境的互动创造出了屯垦生态文化。屯垦生态文化在物质层面以"林、渠、路、田"的农业景观和绿洲城镇景观为主；在组织制度方面，兵团党政军企一体化，工农商学兵相结合，农林牧副渔全面发展，工交商建综合经营。[③] 科学高效的管理制度为主要特征，体现兵团精神。

生态人类学注重对人与环境互动关系的研究，其理论观点为文化在人类与其生态环境之间起着举足轻重的作用，人类通过文化认识资源，同时又通过文化获取、利用资源。[④] 在绿洲这一脆弱的生态系统中，人与自然环境之间的关系更微妙，也更复杂。一方面生活在绿洲中的人们要生存和发展就必须改造绿洲，从绿洲中获取资源。在石河子垦区开发初期极其艰苦的条件下，中央借鉴中国古代的西域屯垦制度成立新疆生产建设兵团这一特殊的组织兴修水利设施、发展灌溉节水农业，有效地改造了当地的自然生态环境。另一方面，绿洲脆弱的生态环境又迫使人们在开发、利用绿洲的过程中注重保护绿洲脆弱的生态环境。在石河子垦区发展的过程中，人

---

① 麻国庆：《人类学的全球意识与学术自觉》，社会科学文献出版社，2016，第 224、226 页。
② 周鸿：《生态文化建设的理论思考》，《思想战线》2005 年第 5 期。
③ 房艺杰：《论兵团》，新疆大学出版社，1996，第 77 页。
④ 夏建中：《文化人类学理论学派》，中国人民大学出版社，1997，第 229 页。

们通过与当地自然生态环境的长期互动形成了灌溉节水农业，形成了非常丰富的改造当地自然生态环境的经验和知识。这一人与环境的互动过程体现了自然生态环境与文化之间的互动与调适。

　　人们对石河子垦区的开发过程是对石河子原有自然生态环境的重塑，这种对当地自然环境的重塑主要体现在绿洲灌溉农业景观的形成、石河子城区的形成和绿洲边缘防护林体系的形成这三个方面。但每个方面都存在经济发展与保护生态环境之间的矛盾，这种矛盾始终存在于垦区人民与当地绿洲这一脆弱生态系统的互动过程中。石河子垦区的发展历程告诉我们：科学技术的进步能在一定程度上调节经济发展与生态环境保护之间的关系，但要从根本上解决这一问题，还需要对原有的屯垦生态文化进行调整，创造出新的生态文化，以探索出一条适合当地绿洲生态环境的工业化、城市化发展模式。

生态文化与交易法则的变迁
——从彝族的贷碗传说与默契交易谈起[*]

王广瑞[**]

摘 要：在川滇交界的彝族地区，贷碗传说与蛮王洞的故事广泛流行。这类故事与当地奇异的生态景观不无关系，是人类适应自然、改造自然的一个特殊案例。与世界上其他地区曾经出现的默契交易现象不同的是，彝族地区的交易形式以物物交换为主，是仅仅存在于内部共同体成员之间的一种互惠。随着市场经济和全球化的推进，这种交换形式逐渐消失。体现在交易形式上的变迁是：第一步从"自然—索取"到"物物交换"，第二步从默契交易到市场交易。从文化生态学的角度研究彝族地区的贷碗传说，有助于深入理解默契交易现象，反观当今社会的市场交易法则。

关键词：贷碗传说 默契交易 生态文化

引 言

传统彝族地区的人们多居于高山地区。笔者经过多年的走访发现，在川滇交界的米易县、盐边县、仁和区、华坪县、方山县等有彝族聚居的区县，当地村民大多会讲一种蛮王的故事。米易县一个叫马鹿寨的地方，还有一处蛮王洞的"遗迹"，据说是蛮王生前居住的地方。这个洞穴，也成了

---

[*] 本文是 2020 年国家在社科基金铸牢中华民族共同体意识研究专项项目"马克思主义人类学中国化与铸牢中华民族共同体意识理论体系研究"（项目编号：Z0VMZ002）和 2019 年国家社科基金重点项目"新时代中国马克思主义人类学的理论创新和意识形态建设研究"（项目编号：49AZD027）的阶段性成果。

[**] 王广瑞，河南大学铸牢中华民族共同体意识研究中心副教授，硕士生导师。

周边居民一个徒步旅游的景点。在这种奇异的生态景观中，人与人、人与自然之间发展出了一种独特的交易方式：默契交易。这种交易方式在世界上其他地区没有被证实过，但在四川彝族地区曾真实出现过。在川滇交界的彝族地区，这种交易方式并不是凭空产生的，奇异的自然景观与人文土壤是其产生的生态文化环境。

讨论文化与生态之间的关系，最出名的莫过于斯图尔德在其名作《文化变迁论》中提出的"文化生态学"概念及文化适应理论。[①] 该理论认为人类文化与环境之间存在一种动态的、富有创造力的关系，不同的文化应对不同的环境有不一样的适应与发展方式。[②] 文化生成的环境不单单有自然生态的因素，也不仅有社会经济方面的原因，而是自然与社会结合的复杂环境。人在适应环境的过程中，形成了独特的生存智慧，文化生态学就是研究这种智慧的学科。[③]

一　奇异自然：贷碗传说与蛮王洞故事的土壤

在马鹿寨2500米左右的山顶上，有一条大自然冲刷形成的沟壑，沟壑的尽头是一个巨大的洞穴，洞口大约十层楼高、五层楼宽，步入洞穴可达百米远。这个洞穴就是蛮王洞，当地村民介绍，改革开放前，洞里还摆放有金灿灿的石桌、石凳，后来被自然雨水浸湿后垮了。在山的背面有一处洞穴的出口，位于悬崖峭壁上，一些水从这个洞口自然倾泻而下，形成数十米的瀑布，从出口进入是迷宫一样的天然溶洞，前些年经常有人进去找燕窝。当地人普遍相信蛮王洞的出口就在这处峭壁之上，但从来没有人从出口到入口走通过。曾经有十多路好奇之人，带上火把、灯具、干粮等物资试图进洞一探究竟。从蛮王洞的出口一进去，就像进了迷宫一样，岔路口非常多，不同的探险队伍根据行进的路线在洞内墙壁上做了密密麻麻的标记，没有这些标记是走不出来的。没有人敢独闯洞穴，都是结伴而行。洞内一处平地上，横躺着的一具白骨，似乎向世人讲述着蛮王洞的凶险。据当地人推测，这具白骨是老陈家的，清代末年，这个老陈独自闯入洞穴

---

① 〔美〕J. H. 斯图尔德：《文化生态学的概念和方法》，王文华译，《世界民族》1988年第6期。
② 〔美〕罗伯特·F. 墨菲：《文化与社会人类学引论》，王卓林、吕酒基译，商务印书馆，1994，第150~151页。
③ 黄正泉：《文化生态学》上册，中国社会科学出版社，2015，第6页。

寻找制作炸药的原料——硫黄，最后因迷路而饿死洞中，后来被探险的人发现。最长的一队人马入洞6个小时左右，还没有走到尽头，因物资不足只能原路返回。洞内时而宽阔可以并行三四辆卡车，时而狭窄只容一人通过。有几处天然形成的石柱，远看似巨大的佛像，甚是好看。

蛮王洞内的水最终流向什么地方也是一个谜。山顶的彝族人曾经做了一个有趣的实验，他们把上百斤荞麦壳分批从蛮王洞的出口处倒入，这些干燥的荞麦壳随着流水奔向各个地方，大约1周时间后，在雅砻江边的几处天然泉眼中发现了部分壳。这个实验证实了两个问题：一是蛮王洞的水与雅砻江边的泉眼是相通的；二是一周时间才到达泉眼处，表明这些水可能至少有几十公里远的流动。近几年，峭壁上的唯一小路被滑坡堵死，没有村民再进去过。蛮王洞周边有三四个天坑，60~100米深，山顶还有一处"天池"，常年有水。山顶四周是悬崖峭壁，山顶却是一处4000亩的大草原，每到雨季山花野草遍布山顶，形成一片巨大的花海。蛮王洞连同周边的大草原、天池、天坑、村落遗址形成一道美丽的风景。山顶的村民从改革开放前的四五十户逐年减少至现在的五户。

人们无法解释大自然的鬼斧神工，于是流传着许多与这些奇异景观相关的传说。当地人大都会讲贷碗传说和蛮王洞的故事，这些故事与上述奇异的自然景观密不可分。故事中有一段是关于原始交易的，情节大同小异，大体如下所述。

蛮王，按照现代社会的说法，就是以前的地主。传说蛮王两姐妹在马鹿寨蛮王洞住。因为以前自家没有那么多碗筷，办酒就要到蛮王洞借。碗筷沾不得油烟、狗肉。借碗筷时需要到洞口进行一个交接，告知借多少数量碗筷。交接的时候双方不见面，借方只在洞口喊话告知所需餐具数量，然后，碗筷自动就送到你门口来了。用完之后，要用灰把碗筷洗得干干净净的，装好晾干后还回去。有一次碗筷没有洗干净，借碗的人就到洞口去看，看哪些人来取碗筷。随后，看到有两个漂亮姑娘来端碗，由于碗筷没有洗干净，她们就把碗筷摔下去打烂了，之后就扯一块红布把洞口封起来。现在洞不在了，就看到那里有一块红石头。①

故事带有神话色彩，是众多蛮王洞故事的原型：蛮王是被陷害的，蛮

---

① 2018年2月据张寿琴、卢友德讲述整理。

王具有神性、可预测前途和命运，蛮王的姐妹是乐于助人的美女。变体版本有攻打地点不同说法：蛮王攻打华坪说（云南省华坪县），蛮王攻打普威说（四川省米易县等）。修筑工事地点有所不同：华坪县有蛮王攻打异族时候的工事遗迹，米易县也有遗迹。这些故事的变体大都融入了地方性地名和特色，故事情节大同小异，人物形象和性格特征明显。

贷碗传说发生的交易只存在于村民与蛮王的姐妹之间，这种交易是单向的，村民是索取的一方，蛮王的姐妹是供给的一方。贷碗活动的终结，意味着人类向生态索取资源的时候必须遵循自然规律，否则就会受到惩罚，交易的时候必须遵守相关规则，否则就会失去交易的机会。贷碗传说从某种程度上说是一个悲剧故事，结局是人类失去了交易的机会。人们通过故事的传承和讲述向世人阐明遵守规则的重要性。从蛮王洞的生态景观到贷碗传说的流行，这是一次人为地将奇异自然"知识化"的过程。

二　默契交易：奇异自然中的生态文化

贷碗传说中的交易确切地说应该是"吼声交易"，但是只有穷人一方吼，地主是沉默的一方。与典型的默契交易不同的是，地主一方不需要回报，如果说他们收到了什么利益，那就是好名声和威望。

经济人类学认为，共同体成员通过互惠、再分配、市场交换等三种社会整合模式凝聚在一起。其中互惠是一种赠予、互助的关系；再分配指的是中央集权同一般成员之间的财产重新分配；市场交换表现为价格波动的自我调节系统。默契交易"是一种双方既不交谈也不接触的交易"，是一种与异人（外来者、异族人、stranger、outsider）的交换行为。[①] 世界上的默契交易被质疑最多的原因是没有一例经过实地调查证实，而中国彝族地区默契交易证实了这种交易方式的存在。

典型的默契交易在彝族地区曾广泛流行，并且主要是物物交换方式。彝家人把多余的洋芋、玉米、稻谷等农作物一筐筐的放在自家门口，需要的人就来交换。比如，交易的一方丢下一筐玉米，按需拿走一筐洋芋或稻谷。交易双方避讳见面，避免自然接触，这符合日本经济人类学家栗本慎一郎关于默契交易的定义。这是彝家内部的默契交易，发生在货币不太流

---

① 〔日〕栗本慎一郎：《经济人类学》，王名等译，商务印书馆，1997，第52~77页。

行的时候。与栗本慎一郎分析的默契交易有所不同的是，彝家的默契交易不是发生在两个共同体之间，而是发生在一个共同体内部成员间。彝族成员间的这种交易类似于栗本慎一郎默契交易的"缩小版"。

贸易港（port of trade）不仅指海港、河港，也包括空港。最初的贸易港多指非洲奴隶贸易海岸，比如维达奴隶海岸、黄金海岸等。波朗尼认为贸易港产生的原因有三个：一是经济上的行政管理需要，二是政治上维持中立，三是便于运输。通过比较彝家默契交易、栗本慎一郎默契交易、贸易港交易三者的异同，可以更清楚地看到彝家默契交易的特点：彝家默契交易发生在同一共同体内部成员之间；交易形式是个体—个体，不是集体—集体；存在于原始经济及市场经济前期；是两者之间的互惠；不使用货币。在三种交易方式中，只有彝家的默契交易被证实存在过，1978年之前的四川彝族人大都有默契交易的历史记忆（见表1）。

表1 彝家默契交易、栗本慎一郎默契交易、贸易港交易比较

	交易的当事者	交易形式	交易当事者所处的社会发展阶段	交易双方的主要内部经济模式	交易中的"货币"	证实与否
彝家默契交易	共同体内部成员之间	个体—个体	原始经济、市场经济前期	互惠	无	证实
栗本慎一郎默契交易	一个共同体对一个共同体	集体—集体	原始经济	互惠	无	未证实
贸易港交易	一个共同体对多数共同体；多数共同体的相互交叉	集体—集体	古代经济	再分配	有	未证实

三 市场交易：全球化语境中的文化适应

市场制度、贸易港与货币是经济人类学研究的重要领域。根据共同体外部和共同体内部的区别，分为不同的市场制度。共同体外部的市场制度分为默契交易与贸易港交易两个阶段，当默契交易被固定在一个场所中进行时就是贸易港交易。共同体内部的市场制度主要表现为粮食市场、城门

交易或集市。①

货币是统摄社会的物，并非一般等价物，而是一种精神的"物化"，"是显现在社会的制度表层上的所有物象中一个最为重要的规定物，是沟通社会的深层的存在"②，是财富的化身，拥有社会性权威并带有强烈的拜物教性质。货币使社会整合为一个统一体。

1978年以后，中国经济体制逐步由以计划经济为主转变为以市场经济为主。进入21世纪以来，中国西部地区受到全球化、信息化浪潮更强烈的冲击。有学者提出这样的建议："西部地区在制定发展战略时，需要考虑的关键是在于如何通过制度创新和产业积聚降低市场交易成本和全要素成本，发挥区域竞争优势。"③殊不知，以上分析的默契交易并不需要通过市场的流通环节，几乎没有什么成本，何来降低的说法？学界在分析西部民族地区经济发展的时候，经常用"卷入"全球化浪潮的说法，这种卷入是被动的文化适应。

与其他彝族地区相比，蛮王洞周边的居民更早接触了市场与货币的力量。1991年二滩水电站开始修建，来自47个国家的700余位专家参与支持这一项目，至2000年竣工，工程耗时近10年。当地青壮年劳动力纷纷参与，村民从这一土建项目中尝到了甜头，那个年代他们一个月的收入甚至超过了乡镇工作人员一年的收入。村民们纷纷托关系、走后门也要到工地上干活，很多人第一次见到外国人。

这一水电工程涉及大量移民安置工作。从市场经济角度来看，移民过程实际上是资源的再分配过程，当地政府实施了以恢复重建库区社会经济体系为目的的移民工程，理念是"以土为本，以水定土、以土定人"。据当地村民的访谈回忆，当时异地建房安置大概每户补偿2万元，以当时的物价，盖一栋小房子是够的。一些外迁的农民几年后又返回故土生活，理由是不习惯、不适应。这可能与生长的文化环境有关系，一方水土养一方人，听着蛮王洞故事长大的人多少会存在对原有文化的依赖。

随着蛮王洞周边水泥路的硬化等交通设施的改善，现在到蛮王洞徒步

---

① 〔日〕栗本慎一郎：《经济人类学》，王名等译，商务印书馆，1997，第40~41页。
② 〔日〕栗本慎一郎：《经济人类学》，王名等译，商务印书馆，1997，第107~140页。
③ 翁智刚：《新世纪西部发展战略的再思考——关注市场交易成本和全要素成本》，《经济问题探索》2004年第8期。

旅游的人越来越多。蛮王洞所在的村委会和当地的居民都想把这一奇异的自然景色推向市场，从市场化旅游开发中分得一杯羹。尤其是 2014 年推进的精准扶贫政策让当地人看到了希望，县政府投入 2000 万元硬化了一条 11 公里长的环湖公路，这一公路的尽头离蛮王洞只有两三个小时的步行路程。随着游客的进入，相应的市场需求也出现了，比如有的游客看中当地的土鸡，村民按照 25 元左右一斤卖给他们。有的游客爬山爬不动了，村民就骑摩托车或牵马送他们上山，每趟费用 100 元左右。开始村民还不好意思收钱，后来发展到主动向游客推销土鸡、酸菜干等当地土特产。游客怀着一种好奇的心理想看看原始村民的生活方式，村民也以一种好奇的眼光打量这些外来的人。从自然美景到迎合市场因素开发的旅游交易，这是村民对全球化语境的一种文化适应。

从饮食中看生态文化

——以山西老陈醋为例

张梅梅[*]

摘　要： 饮食行为不只是人类社会发生的活动，同样存在于动植物世界，人类饮食之所以有别于动植物，在于人类在一定程度上遵循着文化的意义系统。"一方水土养一方人"，水土与人的关系正是生态与人的关系，也是自然与社会的联系。地域味道意味着生态空间给予食物特有的且专属的味道，生活在不同生态空间的人们如何运用生态所带来的便利创造饮食文化是本文探讨的议题。笔者以山西老陈醋为例，以生态与食物的关系追溯山西人食醋行为背后蕴含的文化意义，在此基础上反思生态与文化之间关系。

关键词： 生态文化　饮食　老陈醋

"一方水土养一方人"暗示了人与自然、人与生态之间的重要关系，人作为生活于自然中的生物群体无时无刻不与自然发生联系。"养"作为动词，可以看成"滋养""喂养""养育""哺养"等词的延伸，当词意延伸时，"养"就成为一套使人生存下去的生计方式，在各种生计中，人们对食物的获取就成为人最基本的需求之一。在获取食物的过程中，人们创造了丰富的饮食，人类学家孔恩（Y. Cohen）总结了五种人类食物获取方式，即狩猎与采集、粗犷的耕种、精细农耕、畜牧以及工业化，每种方式无不与生存环境密切相关。生存环境被茶普尔（E. Chapple）和库恩（C. Coon）按照植被的分布划分成八大主要地带：干燥的沙漠区；高温多雨的热带丛林区；

---

[*] 张梅梅，中央民族大学民族学与社会学学院博士生。

气候温和，位于山地与海岸的狭长地中海灌木区；四季分明，适合发展高级农业的中纬度混合林区；过着游牧、游猎生活的草原区；气候寒冷，以狩猎为主的北方森林区；海拔高度不一，以采集、狩猎为生，可发展农业的山地区；气候极为恶劣，包括苔原与冰原的极地区。不同地带动植物的自然分布模式不同，因此食物类别各异，可以说，一个地区的饮食风格，首先当然是由可以利用的现成的自然资源所决定。其次是人类自身的改造，人类运用智慧积极与不同地域的生态系统相适应，培育、驯养动植物以创造独特的饮食习俗，饮食在满足果腹后被建构为一种文化符号，成为特有地域的标识。以山西老陈醋为例能看到山西人与自然生态的互动关系、人们如何以醋去强化社会关系、自然与文化又如何对接。

一 浓郁的山西老陈醋

山西食醋的历史可谓久远，从民间流传的故事版本中可以看出醋的发明不会晚于西周时期。学者推论，醋的形成与酒的形成时间大致相仿。从现如今老陈醋的工艺制作来看，酿醋之前要先进行酒精发酵，也就是酒的酿制步骤，酿酒与酿醋可能在同一时间开始的论断因此得到学界的一定认可。古代有"山猿酿酒"的说法，认为人类在未开化之前将山中野果采集回来，为避免掠夺者的叨扰，它们将野果藏匿于山林洞内，时间一长忘记食用，野果在封闭洞内发酵形成了天然的果酒，这也是酿酒的最初始状态。酒再经过高温发酵，酒精挥发后，开始转酸，这时的酸味可以说是最早的醋。清代语言学家段玉裁记载"凡味酸者皆谓之酢"，意思是说自然界中凡是有酸味的食物都可以叫作醋。

醋，古称为醯，又叫酢，是日常的一种调味品。老陈醋作为众多醋食中的一种，距今已有六百多年的历史，首创者王来福在总结前人经验的基础上创作出熏制与"夏伏晒，冬捞冰"的工艺，将原本无色的白醋通过山西当地特有的无烟煤五遍反复熏制，使醋醅呈焦黑色，漓淋后的原醋呈黑棕色，陈酿一年或一年以上，原醋的水分经过蒸发和捞冰后减少，再经过微生物的不断转化，使醋的浓度和稠度发生变化。特级老陈醋的酸度可达到 8 度，一级老陈醋在 6 度左右。陈酿期 9~12 个月的老陈醋重量会随气候、温度变化减少约 3 斤，原醋只能得 1 斤左右。当老陈醋含酸量和固形物含量变高后，一般微生物无法滋生，所以老陈醋不会再发生败酸现象，可长期保存。王来福的创制形成了山西特有的"蒸""酵""熏""淋""陈"五大酿醋步骤,但制醋的工艺远非如此简单,一坛老醋需经过繁复的 82 道工序、400 多天的静候才被称为老陈醋。

二 特有的地理位置

饮食在一定程度上是地域文化的微缩,饮食惯习的形成与所属的地域环境密不可分,正如学者所言,所有人都要吃东西,这是一项生物事实而非文化事实。不同的人群吃什么与如何吃则是一项文化事实,只可借文化史与环境因素加以解释。[1] 马文·哈里斯一再强调"人类是一种杂食动物",有食肉性的凶猛也有食草(植物种子)性的温顺,但无论哪一种食物的选择与其所属环境有密切关联。因为,世界上的食谱的主要差异可以归因为生态的限制以及在不同地区所存在的机会。[2] 山西多数地区出产老陈醋以及人们将其作为饮食惯习的现象,也使笔者自然地首先过渡到生态问题中去加以考究。

山西地理条件复杂,处于黄河流域腹地,虽有较富庶的汾河谷底,但多数地方处于封闭的自然未开发地带。山西地处内陆,位于中国大陆中北部、华北平原西侧,介于太行山和黄河中游峡谷之间,因地处太行山西面得山西之称,因位于黄河东岸,古代冠以河东之名。山西境内山岭耸立交错,河谷丘陵纵横,分布丘陵、高原、台地、盆地等多种地形,素有"表里山河"之美称。[3]

复杂的地形对饮食体系的形成具有深刻影响,山西多数地区都有符合老陈醋酿造的自然条件。农业的发展为酿造老陈醋提供了充足原料,考古证明山西早在 1 万年前就有了原始农业的种植规模,仰韶文化时期就懂得谷物种植与蔬菜培植,主要的农作物种植有谷子、玉米、小麦、高粱、大豆、莜麦等,各区域又各有代表性的农作物。晋西北地区种植春小麦,晋中部地区以及南部地区种植冬小麦,晋东南是谷子的集中产区,晋西北的部分山区以吕梁为主种植谷子,太原盆地又是全国高粱产区之一,生产的高粱

---

[1] 〔美〕史徒华:《文化变迁的理论》,张恭启译,台湾源流出版社,1989,第 10 页。
[2] 〔美〕马文·哈里斯:《好吃:食物与文化之谜》,叶舒宪、户晓辉译,山东画报出版社,2001,第 5 页。
[3] 山西省史志研究院编《山西通史》(第六卷,近代卷),山西人民出版社,2001,第 9 页。

颗粒饱满，淀粉含量适中，是用来制作老陈醋和汾酒的最佳原料。总体来看，山西北寒南暖，南北温度全年平均相差10℃~15℃，降水量集中但雨量不多，旱多涝少，耐寒、耐干旱、出产率高的农作物适应山西的自然环境，也是农民选择种植的主要原因。从耕种面积来看，北部农田较为广阔，但气候环境恶劣，山地多，所种植的粮食作物大多在半山坡或坡底，中部地区和南部地区两年三熟的庄稼在北部地区仅一年一熟。中部地区平坦，但水土资源的肥力不足，后天的人为改造使得该地区成为主要的粮食出产区，该地区耕地主要集中于太原和忻定两大盆地，也是老陈醋主产地。南部地区土地肥沃，水利资源丰富，夏朝以前已成为黄河流域发达地区之一，但地少人多难以满足人口扩张对农田耕种的需求，尽管如此，人们对酿制醋的热情却从未减少。

三　充足的粮食供应

自然气候的形成对山西农作物以及瓜果蔬菜品种的多样性造成一定影响。以云南为例，复杂的自然生态环境以及多民族聚居使得饮食丰富，食材的琳琅满目对地方饮食的形成有重要影响，四季盛开的花朵可以用来煲汤，玫瑰花瓣可以制作鲜花饼，以米为主食加配菜，野味也成为餐桌上的流行菜系。而山西则不然，刘健在《屯留记》中指出，其地在万水之中，险狭而硗薄，民力田勤苦。岁获不及他郡之半，故土俗称纯俭。其势使然也。山西山多地少、土地贫瘠的耕作环境使得农作物品种相对单一，饮食上多以粗粮为主，以小米、玉米面、高粱面、谷米等制作饭食，蔬菜瓜果在大棚基地的建立前，很难达到跨越时令的尝鲜。早期生活中，人们对蔬菜的保鲜之法是通过食醋或盐进行腌制。明清时期盐业虽繁盛，但政府掌握盐的销售权，买卖私盐将进行惩治，晋南地区老百姓就通过大锅熬煮盐水提取土盐，土盐杂质较多且腌制菜蔬所需量大，以食醋进行腌制渐渐也成为保鲜方法。食醋并非如今的以高超工艺用五谷杂粮酿造，根据清徐县和长子县的老者回忆，他们那时自家酿制的食醋是以发馊、变酸的米饭、小米饭进行发酵，后期再淋出白醋来。

从老人们的回忆来看，各地都有制作食醋的可能，各地运用特有的食材原料制作，而且风味不一。全国有名的醋品牌、醋企业不胜枚举，依据地域以及口味品种可划分出四大名醋，除山西老陈醋外，还有江苏镇江的香醋，四川麸醋或保宁醋，福建永春老醋（又叫红曲米醋或乌醋）。四大名醋所展现的味道不尽相同，融合了地域生态和地方文化的特性，山西老陈醋以高粱、豌豆、大麦制成红心大曲，配以五谷杂粮；镇江香醋以糯米为原料加入药酒、麦曲固体分层发酵；福建永春老醋以糯米、晚粳米、白糖、芝麻、古田红曲为主要原料，液态分层发酵，陈年3年而成；四川保宁醋以大米、玉米、麸皮等为主要原料，再加入白叩、黄连、砂仁、乌梅、肉桂等中药材制作醋醅，醋醅陈酿时间达1年以上才可制作。四大名醋在原料选取上有很大区别，南方"鱼米之乡"盛产的水稻和糯米保证了镇江、福建、四川三地酿制食醋的原料获取，北方"杂粮王国"出产的高粱、豌豆、大豆等杂粮为老陈醋的酿制同样提供了风味原料，尽管没有南方的物产丰富，但特有的原料选取和工艺技术使得山西老陈醋别具风味。

四　煤炭资源的辅助

山西煤炭资源储量大，分布较广，为酿制老陈醋提供了充足的燃料。山西煤炭的记载最早见于先秦时期的地理著作《山海经》，内载："孟门之山[①]，其上多苍玉，多金，其下多黄垩，多涅石"，其后又载"贲闻之山[②]，其上多苍玉，其下多黄垩，多涅石"，其中的"涅石"是煤炭的早期名称。煤炭在山西境内使用时间久远，至明清时期，煤炭业进入了普遍发展期，山西的煤炭开发技术更是达到了高峰，民间对煤炭的运用范围较此前更广泛，山西老陈醋更是在此阶段蓬勃发展，可见老陈醋工艺的发展与煤炭资源之间的微妙联系。

煤炭与老陈醋体现了地方生态文化的相互渗透。据有经验的酿醋师傅所言，煤炭是制作正宗老陈醋的重要燃料。煤炭增加了山西老陈醋的风味，煤炭熏制后的醋醅使老陈醋有了焦香绵密的口感，其中无烟煤熏制醋醅是明清时期煤炭产业发展与老陈醋技艺相结合的明证。民间记忆中山西老陈醋的首创者王来福是明末清初介休市人。清初顺治年间，王来福在"发酵"与"淋醋"步骤间新添了一道"熏醅"酿制工序，醋醅经过反复熏制，增添了焦香气味，此道工序中所用的煤炭正是山西特有的无烟煤。据笔者调

---

① 孟门之山：在今山西的吉县西南，河东煤田南部乡宁矿区内。
② 贲闻之山：在今山西静乐县以东，太行山一带沁水煤田的东北部。

查，在20世纪90年代以前，醋作坊里蒸料、熏醅两道重要的酿制工序都以煤炭作为燃料，而后出于对生态资源的保护，大型醋业生产车间才以天然气代替了煤炭，但在传承醋技艺的老师傅看来，经过煤炭熏制的老陈醋才更具备"烟火气息"。民间的一些手工醋作坊中仍旧保持了煤炭熏制的技艺。从延续使用煤炭酿制陈醋的习惯中能看到山西人在利用和掌握生态资源时的一种历史实践。

五 饮食与生态的适应

山西的生态环境影响着人们对于饮食的选择。地方性饮食是一个地区的人们与周围环境和社会环境相适应的结果，英国人类学家雷蒙德·弗思（R. Firth）认为环境决定了所属的文化类型，"任何一种环境在一定程度上总要迫使生活在其中的人们接受一种物质生活方式"①。可以说，生态环境尽管在一方面广泛地限制了人们的生活方式，但另一方面为人们提供了所需的物资需求，从山西农作物的种植、煤炭资源的供给、手工作坊的技艺传承、民间传说中也体现了食物与生态环境间的一般关系以及山西人与自然生态的依存关系。笔者在山西清徐尧城调研时，当地老者提到民间传说中的两种植物——"蒉荄草"和"醋柳"。东汉应劭在《风俗通义》中标注"酢如蒉荄"，并转引《孝经》中对蒉荄草的记载"古太平，蒉荄生于阶，其味酸。王者取以调味，后以醯醢代之"，其中"酢"和"醯"是指带有酸味的液体，而"醯"直接可译为"醋"；醋柳叶片形似柳叶，根茎分节，咀嚼后微酸，被当地百姓用来制作酸菜。从植物汁液获取酸味到农作物发酵获取酸味是山西人对地方生态环境不断加深认知的过程，人们通过长期实践种植与地方气候相适应的农作物，重新认识农作物的食用特性，在微生物的参与下粮食形态最终发生改变，且人们不断地改良技艺，才酿制了今日所见的山西老陈醋。

六 老陈醋与人的互动关系

食物除为身体提供营养的基本作用外，还被赋予多重含义。哈里斯将饮食习惯看作是历史的偶然，食物偏好的主要差异在于不同生态的限制以

---

① 〔英〕雷蒙德·弗思：《人文类型》，费孝通译，商务印书馆，1991，第39页。

及在不同地区所存在的机会,各地的饮食口味选择嵌入地域文化之中。① 饮食文化的形成与生态环境密不可分,而人文环境对饮食文化的影响更为持久。因为食物凸显和塑造了地方的社会文化,在一定程度上成为社会过程与集体认同最鲜明也最具潜力的象征。在山西文化中有"无醋不欢""常在山西住,哪能不吃醋""不怕酸、怕不酸,酸不怕"的俚语,可见醋在山西人的日常生活中所占据的重要位置。老陈醋与人之间产生的关系来自多个层面。

首先在生产过程中,农户种植所需酿醋原料、大曲并非一地所产,醋作坊会与农户签订合同,形成契约关系,保证酿醋原料的供应和醋作坊的发展,同时形成以信誉为主的贸易关系,促进了山西商业的发展。其次表现为一些地方风俗,醋出现在各种场合。如小孩子出生后,为驱除污秽,醋作为一种净化"圣水",每日由婆婆端入产房在屋中轻洒,泼洒醋液是祖母对孙辈的一种祝福,也是对产妇的关心,表示产妇受到婆家的重视。近代以来山西醋作坊兴盛,传统的技艺传承规则发生较大变化,女子逐渐参与到了酿醋技艺的传承中,甚至到后来山西男方家庭选择新妇时要以女子酿醋技艺为准,酿醋技艺的好坏成为女子是否贤良、勤快、能干的标准,地处太行山上的壶关县还有"家家有醋缸,人人当醋匠"的记载。在丧葬礼俗中,山西一些地区由至亲通常是晚辈用稀释后的陈醋清洗逝者身躯,逝者家属会在炭火上熬煮陈醋以趋避污浊之气。生育、婚配、丧葬文化中都能看到醋在参与地方礼俗、调动人际互动关系中的作用。玛丽·道格拉斯(Mary Douglas)在探讨人们与某种物质关联且出现反复的行为时,引出"感知行为"的概念,指出作为感知者的我们会在感知范围内的所有刺激物中挑选出来感兴趣的内容,认知过程是不断建构的过程,人们会接受某些提示,拒斥另外一些,而最能接受的暗示便是那些能够轻而易举融入人们生活的内容。② 山西老陈醋被应用于各种场合便是人们反复行为的结果,通过挑选、建构,接受了此种物质能融入日常,反复的行为意味着山西人在不断互动中建构和强化地方文化的实践。

---

① 〔美〕马文·哈里斯:《好吃:食物与文化之谜》,叶舒宪、户晓辉译,山东画报出版社,2001,第4页。
② 〔英〕玛丽·道格拉斯:《洁净与危险:对污染和禁忌观念的分析》,黄剑波、柳博赟等译,商务印书馆,2018,第46页。

老陈醋早期仅为皇室成员或富贵人家所食之物，由此诞生了山西有名的老陈醋品牌——宁化府。宁化府原是朱元璋之孙宁化王朱济焕的王府，益源庆醋坊专门为宁化王府制作贡醋，手工作坊酿制的陈醋耗时费力，至清嘉庆年间作坊日产才达到300余斤。老陈醋的食用群体反映了古代社会的阶级关系。如今的山西老陈醋是走亲访友的重要礼物，其流通性是社会关系建立的显现，而老陈醋连带的社会关系远非此处所及，老陈醋传承工艺中师徒关系的互动，民间醋作坊在公私合营时期相互联合所形成的互动关系，老陈醋匠人与顾客间的信任关系中都能窥探到醋在地方文化中的重要作用。

从文化交流角度看明代万历年间崂山海印寺地产的佛道之争
——一项法律人类学和历史人类学之研究[*]

周 琳 杜 靖[**]

摘 要：明代万历年间，围绕着崂山海印寺地产发生了一起佛道之争。这场争讼涉及著名宗教人士憨山、耿义兰以及皇权人物明神宗和其母慈圣太后，是中国佛教史和道教史上一段著名公案。本文以法律人类学和历史人类学立场考察并讨论了这一案例。具体而言，本文运用了扩展个案法、情景分析法和文化交流理论分析了此案，并力争用文化交流理论去超越前两种研究方法。我们认为，作为一件民间法律纠纷，海印寺地产之争实际上向世界陈述了中国传统社会的某方面性质。而至于这一案件内部涉及的诸方在结构上也存在隐喻与转喻相并陈的文化交流模式。在中国开展法律人类学和历史人类学研究不仅要重视社会经验层面的理解，更要注重经验层面之下的文化理论的考量。

关键词：崂山海印寺　佛道之争　扩展个案法　情境分析法　文化交流

序　言

我们常常在现实生活中，特别是法律纠纷中听到一句话，即"一人做事一人当"。这句话很好地反映了现代法制的原则：一是禁止溯及既往；二是尽量避免扩大除当事人以外的法律问责或追究，避免"株连"。

---

[*] 本文原载《地方文化研究》2018 年第 3 期。
[**] 周琳，青岛大学法学院研究生；杜靖，青岛大学法学院教授。

然而，人是一个社会结构中的存在，大多数情形下人的违法犯罪行为并非像犯罪心理学理解的那样属于个人行为。个人的违法犯罪行为实际上是某种社会结构的表达，违法犯罪者只不过是社会结构的傀儡，其被挂靠的结构所界定而已，有些情况是"身不由己"的。

从学术角度讲，理解这类事件就像解释一个词的语义，往往不是它自己单独能定义的，它必须被放置在语义链或语言结构中才获得意义，才能被解释出来。比如"打"，如果贸然问学生这个词是什么意思，怕是没人能回答清楚。只有放置在"我打你"或"一打纸"中，"打"才能立刻显出它的词汇学意义。从这里可以看出，"打"的意义是环境或结构所赋予的。为了反思并批判现代法制主义的简单粗暴的做法，西方人类学家提出了"扩展个案法"（extended-case method）或"情景分析法"（situational analysis）。

早在 20 世纪初，人类学家就在某些土著社会中发现存在"使用一种将社会关系或社会情境考虑在内的断案方式"[1]。这种断案法及其反映出来的思维方式被后来的学者提炼为一种学术研究方法，即"扩展个案法"或"情景分析法"。比如，格拉克曼（M. Gluckman）[2]、麦齐奥（J. C. Mitchell）[3] 和维克多·特纳（V. W. Turner）[4] 等人。而中国学者朱晓阳近年来在云南小村的个案研究中也是用了这一方法，但他称之为"延伸个案法"。[5] 此外，近年来国内一些社会学家也提出了类似的研究方法。如李猛的"关系/事件"法[6]、孙立平的"过程—事件"法[7]等。

从法理学意义上来说，这些学者的思考很好地作出了学术推进，因为

---

[1] R. F. Barton, "Procedure among the Ifugo", in P. Bohannan ed., *Law and Warfare*, pp. 162-181, Garden City, New York: The Natural History Press, 1967.

[2] M. Gluckman, *The Judicial Process among the Barotes of Northern Rhodesia*, Manchester: Manchester University Press, 1955.

[3] J. C. Mitchel, *The Yao Village*, Manchesterl: Manchester University Press, 1956.

[4] V. W. Turner, *Schism and Continuity in an African Society*, Manchester: Manchester University Press, 1957.

[5] 朱晓阳：《罪过与惩罚：小村故事（1931-1997）》，天津古籍出版社，2003，第30~37页；《"延伸个案"与乡村秩序》，载朱晓阳、侯猛主编《法律与人类学：中国读本》，北京大学出版社，2008，第298~341页。

[6] 李猛：《日常生活中的权力技术：迈向一种关系/事件的社会学分析》，硕士学位论文，北京大学，1996；孙立平：《"过程—事件分析"与当代中国国家农民关系的实践形态》，载《清华社会学评论》，鹭江出版社，2000，第1~20页。

[7] 孙立平：《实践社会学与市场转型过程分析》，《中国社会科学》2002年第5期。

他们能把一个案子看得比一般法学家深透得多，尽管在司法实践中操作起来比较费事。但是，他们也有一个共同缺陷，即都太注重"社会"维度的考量，不论是关系或结构的理解，还是历史过程主义的理解，把分析精力过多地放到了社会经验层面中，缺乏文化意义上的追问。尽管上述研究有人类学家参与，但充其量也只能算是"社会人类学"的思考，而非"文化人类学"的关怀。因而，本文是在上述研究基础上进一步向前的一项探索。

在本文看来，一件法律冲突或纠纷是一项语言表达，一个社会试图通过法律冲突或纠纷去阐述它是什么性质的社会，即法律冲突或纠纷应该被看作是一个社会向外交流或展示的文化手段或策略，这是其一。其二，在两个相关联的法律事件间，无论是事件并置的场景还是先后相继的历史关联，也存在文化交流，即"谁表达谁"？比如，假定这两个事件是 A 和 B，那么，是 A 表达 B 呢，还是 B 表达 A？二者间的文化交流手段是什么？实际上，整项研究是关于陈述的研究。

就文化交流机制或手法而言，本文主要参考的是埃德蒙·利奇的"隐喻"与"转喻"理论。[1] 隐喻取决于类似，转喻取决于邻近，是指"部分代表整体"。比如，尚方宝剑代表皇帝亲临或皇帝所拥有的权威和处置一切的资格与能力。本项研究的意义重在于理解和认知，并不像上述其他学者那样出于法律的实用主义目的。

本文涉及的案例是明朝发生在海印寺里的故事。围绕着庙产或寺产，两个宗教团体发生了纠纷，并对簿官府衙门，乃至惊动了皇家，这场司法纠纷最终以和尚失败、道士胜利而结束。此前只有地方文史工作者林先建有过一文梳理此事[2]，但那只是囿于历史学的兴趣，并未给出法律人类学的关怀，更谈不到理论追求上的兴趣。

从法律的角度涉及诉讼的两造，必然是各有陈述与记忆（多以文字等形式记录下来）。后人若想弄清事情的真相，那是相当困难的。所幸，我们的目标并非一定要弄清事情的真相，而是关心和尚、道士、官府和皇家等

---

[1] 〔英〕埃德蒙·利奇：《文化与交流》，郭凡、邹和译，上海人民出版社，2000，第 7~15 页。
[2] 林先建：《青岛崂山道教民间信仰状况探析：以太清宫周边地区为例》，《青岛职业技术学院学报》2009 年第 2 期。

多方间的互动模式。因而，从法律纠纷的两造各自的角度陈述事情的起末，恰符合人类学所推崇的地方人群视角（the native's point of view）。[1]

在叙述上，我们采用"层层剥笋"的技巧，这样的叙述逻辑也更加切合探案的过程。这一过程也是我们人类学认知的过程。遵此逻辑叙事，可以让学界看到我们人类学知识的生成问题，尽管在部分文字信息上可能有重复之嫌疑。

一 海印寺之争初略

佛教一方涉及的大和尚是憨山（1546~1623），俗姓蔡，全椒县（今属安徽省）人。其法名德清，字澄印，号憨山。憨山大师曾自述年谱，东海那罗延窟侍者福善记录，由其弟子福征疏证，就此留下了《憨山老人自序年谱实录》。这份年谱云：

> 憨山大师，父名彦高，母洪氏信佛，生平供奉观音大士。母初梦大士携童子入门，接而抱之，遂有娠而诞。周岁时，憨山大师患风疾几乎丧命，母祷大士，遂许舍出家，寄名于本地长寿寺，遂易乳名和尚。七岁开始入社学读书，开始关注生死之事。九岁读书于寺中，闻僧念观音经，能救世间苦，心大喜。从寺僧处得到《观世音菩萨普门品》，读之即能诵。其母供奉观音大士，每烧香礼拜，憨山大师必跟随行礼。十岁，憨山大师立志做个行遍天下、自由自在的僧人。十一岁，偶见行脚僧数人，遂萌发出家之志。[2]

嘉靖四十三年（1564），憨山大师披剃。万历三年（1575）春到达五台山，这是他出家修行的初期阶段。初入佛门后，他先后接触过禅宗、华严宗、天台宗、净土宗，具备了一定的佛学基础，堪称一位佛法学习者、南方行脚僧。从万历三年春至万历十年（1582）三月，憨山在五台山居住修行近八年。他多次证悟，深入把握和领会了佛法，尤其是禅宗与华严宗。

---

[1] 〔美〕克利福德·吉尔兹：《地方性知识——阐释人类学论文集》，王海龙、张家瑄译，中央编译出版社，2000。

[2] 福征：《憨山老人自序年谱实录》。

在五台山期间，他开始与皇室、官员、士庶交往，关注佛教发展，以出世人作入世事，声誉日渐驰名佛教界。后人总结这段时光，说憨山"从一名佛法的学习者转变成一个佛法的施教者，从一个默默无闻的南方行脚僧成长为一名佛法造诣高深的高僧"①。这是有一定依据的。然而，真正让憨山名声大振于天下的是他皇家祈嗣成功（下文再叙）。佛徒的修行有两种，一种是认知与参悟，另一种是做善事与功德，即行。五台山这段时光，对于憨山而言重在行。用今天的话说，就是积极实现佛学的社会价值。

既然如此，憨山为何要离开五台山而来崂山呢？

据《憨山老人梦游集》记载："以当日无遮道场太盛，为宫闱祈嗣得嗣之名太著，忤内使之言有闻于内，其事更大，其名更不可居。是以台山难返他山难就。"② 从这段记载中我们可以看出，他离开五台山的缘由有二：其一，因为替皇家祈祷子嗣成功，并因言触怒了内使（传达皇帝命令的贴身内监。要知道，明代宦官是很有权势的）；其二，盛名太高，遭人嫉妒。由此，造成了他的"台山难返"的局面。无奈之下，憨山在完成祈嗣事情后才不得不前来东海崂山。

当然，最终憨山选择崂山做道场似尚有其他一些原因。首先，他志在修复大报恩寺，而崂山较五台山离京城更近便，有利于抓住时机。这正如他自己所言："始予为本寺回禄，志在兴复，故修行以约缘。恐远失时，故隐居东海。此本心也。"③ 此处文字中的"回禄"，即掉转或返回原来修行处——五台山的意思。那么，他何以要说"恐远失时"呢？也许当时他已感觉到了某种情况的不妙，即宫廷内部某些势力对他的厌恶，而皇家不可能永远感激并支持他弘法布道。于是，他必须利用这最恰当的机会另建一处丛林。

其次，对于修行者而言，必须寻找一处风水好、气场好的道场。那么，崂山是否具备这样的环境？原来崂山是《华严经》所记载的那罗延窟诸菩萨住处，而憨山又精于华严，自然这里是他的理想的修真场所。所以，他在《憨山老人自序年谱实录》用了"因慕之"来表达对崂山的向往和感情。

---

① （清）黄肇鄂：《崂山续志》（光绪版），山东省地图出版社，2008。
② 福征：《憨山老人自序年谱实录》卷二。
③ 福征：《憨山老人梦游集》卷五三《憨山老人自序年谱实录上》。

从文化交流角度看明代万历年间崂山海印寺地产的佛道之争 | 141

万历十一年（1583）四月，憨山一来到东海崂山，莅临实景，便大发慨叹："一见形胜，诚为大观。"自此在崂山度过了他人生中非常重要的十二年。兹按年谱，举其要略如下：

（1）万历十一年，蹈海入崂，初稳根基；
（2）万历十二年，访求赐金，矫诏济饥；
（3）万历十三年，结交黄氏，弘佛摄化；
（4）万历十四年，颁藏牢山，《楞严经悬镜》；
（5）万历十五年，修造殿宇，为众说戒；
（6）万历十六年，《楞严经通议》，犹未属稿；
（7）万历十七年，阅藏经说，反寺探母；
（8）万历十八年，书经作论，道场纷争；
（9）万历十九年，大殿建成，子光坐脱；
（10）万历二十年，访达观师，成《海印稿》；
（11）万历二十一年，乘舟籴豆，赈济山民；
（12）万历二十二年，京城说戒，修寺搁置；
（13）万历二十三年，罹难别崂，遣戍雷州；
（14）万历二十四年，颁藏牢山，《楞严经悬镜》；
（15）万历二十五年，修造殿宇，为众说戒。①

从这份简表可以看出，这段时期除了建寺弘法、布施地方外，憨山在学术上取得了一生中最杰出的成就，大部分佛学成果都是此一时期完成的。这是他人生的中期阶段（劫难后至晚年，乃是他人生的最后一个阶段）。

也许，这位大德在那罗延窟永远居住便不会有后来的劫难了。然而，该窟在快要接近山顶的峭壁上，除了交通不便外，地方也极狭促，非常不适合佛教的进一步发扬光大。于是，他必须另觅佳境。

现存的另一份文献记载，憨山先在崂山那罗延窟修禅，因此处不可住，数月后来到现在道教圣地太清宫附近，并借助当地乡绅的襄助，用明神宗之母慈圣太后所赠之金尽购太清宫之地。历时三年，憨山改建太清宫为敕

---

① 福征：《憨山老人梦游集》卷二。

建海印禅寺（海印寺现存遗址及"海印寺"碑刻）。

可是，憨山万万没想到，这等于夺占了道士们的修行之地。要知道，自汉代以来，崂山就是一处非常著名的道教丛林，元代因全真教在此落居更是名声播于四海。总之，历朝历代，道教在此都非常发达、有势力。

万历十七年（1589），进士出身的崂山道士耿义兰与贾性全、刘真湖、张复仁、谭虚一等太清宫道士相继上书山东巡抚衙门，控告憨山强占庙产。万历十九年（1591）秋，又赴京师上告，万历二十三年（1595），憨山以私建寺庙罪被发配到广东雷州。万历二十八年（1600），朝廷降旨毁寺复宫，敕封耿义兰为扶教真人，并赐御伞御棍、金冠紫袍，《道藏》480 函，永镇太清宫道场。①

上述记载告诉我们，憨山买卖太清宫地基完全是你情我愿的公平买卖，道士耿义兰等却以"抢占庙产"等罪予以控告。这究竟是怎么回事呢？下面将更加细致呈现双方的陈词及诉讼过程。

二　进一步的探索：海印寺的建设过程与深层缘由

1. 佛教一方

憨山初到崂山，发现经典中所载的那罗延窟并不宜居住，于是在山南最深处，背负众山、面吞大海的地方，找到了一处"观音庵"废址，在树下席地栖身。7 个月后，当地人张大心为其诛茅结庐而居。在晚年口述的年谱中，憨山认为此处是佛寺之地，元初被道士强占而改为道院，一直没有恢复佛寺："至牢山②果得其处，盖不可居。乃探山南之最深处，背负众山，面吞大海。极为奇绝，信非人间世也。地名观音庵，盖古刹也，惟废基存焉。考之，乃元初七真出于东方，假世祖威福，多占佛寺，改为道院。及世祖西征回，僧奏闻。命多恢复。唯牢山僻居海上，故未及之耳。然皆废矣。予喜其地幽僻，真逃人绝世之所，志愿居之。"③

而在当年所做的《建海印寺上顺翁胡太宰书》中，憨山也提到了观音庵废址与道教太清宫之间的方位关系：

---

① （明）憨山德清《大学纲目决疑》。
② 即崂山。古籍中有时还写作"劳山"。
③ 《憨山大师传》（四）：梦游人世七十载。

今择山之东南极尽处，有一美地。名下宫。观其形势，背负鳌山，且前平地数亩，足赡数人。面吞沧海。中藏一庵，屋庐虽毁，基址犹存，且前平地数亩，足赡数人……车马不能通，人迹不能至，诚为幽栖之地也。①

此处憨山所言"下宫"即太清宫，宋初太祖敕建，是宋元以来崂山最重要的道院。这块地方在历史上属于道教的势力范围是无疑的。同时也可以确定，观音庵应是距离太清宫很近的一处佛教小庵。憨山初到崂山时，观音庵只残存一块基址，可能还有残存的碑文，所以憨山考证此地古代是观音庵，该地本属佛教所有。观音庵与海印寺这种特殊的"近邻"位置，预示着僧道之间的纠纷似难避免。

憨山到达崂山时，太清宫已经衰落不堪了，"倾圮甚，羽流窜亡，一二香火守废基"。这时，憨山正愁没有栖身之地，认为这是在此建立大法幢的机会，"苦无籍，念可建大法幢者，此其机"②。过了一段时间，太清宫"羽流益窘，愿资我多金，举地属之"③。最终，太清宫道士将地皮卖给了憨山。

万历十四年（1586），太后首颁《大藏经》给崂山，而此时的崂山尚无正式的寺院名称，送经宦官张本"遽填海印字与清"④。藏经送到崂山后，由于没有足够的寺庙安放，慈圣太后又命合眷各出布施修寺安供，并命名曰"海印寺"。海印寺建在太清宫附近，终于引发了崂山僧道之间的地皮之争。明人沈德符《万历野获编》卷二七《憨山之谴》条记载了崂山僧道之争的经过，可以看作时人比较中肯的观点。

（憨山）乃北游至山东莱州即墨县之大劳山，有一废兰若，因葺而居之。道俗皈依，名其地曰海印，渐成大丛林。大珰辈慕之，争往顶礼。时，慈圣太后宫近幸张本者尤尊信，言之太后，内出全藏经赐之。时分赐者不止劳山一处，张本遽填海印寺给与，一时缁素俱艳妒之。适即墨有无赖羽人耿义兰者，诡云其地曾为道院故址，今宜复归黄冠，

---

① 憨山：《建海印寺上顺翁胡太宰书》，载《青岛市志》，新华出版社，1997，第684页。
② 彭涟：《有功于教，获过于天：明代高僧憨山大师的凄苦人生》，《杂谈》，2014。
③ 黄宗昌：《崂山志》卷五《仙释》，香港新世纪出版社，2003，第48页。
④ 《明神宗实录》卷二八五"万历二十三年五月丁酉"条。

其意不过需索金帛耳。憨既不酬,且垢辱之,义兰忿甚,遂入奏于朝,又捏造道宫故名,自称道童。上大怒,命缇骑逮德清至京治之。拷掠无算,尽夷其居室。憨系狱良久,后始谪发粤中充戍,而张本者至以诈传懿旨论死。

从上述文字可以看出,佛教一方的理由有如下几条:
(1) 这块地方在历史上本来就属于佛教的,只是后来被道教徒侵占,言下之意:憨山如今购得算是"赎回";
(2) 佛教一方购买这块地皮是在道教发展处于困境之时,且道教徒自愿卖给佛家的;
(3) 佛教一方得到了当时当地群众的支持;
(4) 得到了慈圣太后的支持;
(5) 建寺是为了更好地供奉皇家赐给的《大藏经》。
显然,佛教一方的说法为他们占有这块地皮并建设海印寺提供了合理性和合法性。

2. 道教一方
那么,今日崂山太清宫里的道士们是如何认识当年憨山占据太清宫地址的呢?
我们到当今的太清宫进行了走访并调查,太清宫一道长告诉我们说:万历初年,28岁的憨山云游至京城,与京城官员诗唱往来,结交密切。万历五年,他被推荐为慈圣太后禳祷而受恩宠,太后特赐金纸让其写经。在此后的诸多佛事中,慈圣太后多倚重憨山,使其成为通天人物。万历十一年四月,憨山为寻访佛经《华严疏·菩萨住处品》中所记载的那罗延窟,从五台来到了崂山,"一见形胜,诚为大观"。他虽然找到了佛经中记载的那罗延窟,终因此地远离村落,"境相荒凉至极,不易安处",于是憨山"怆然太息者久之,可谓负此山者多矣。即欲长揖山灵而去"。其后,憨山辗转寻到太清宫,便"至下清宫止焉。初于树下掩片席为居七阅月,士人张大心结庐使居之"。万历十二年,慈圣太后为酬谢憨山祠嗣之功,四处寻访,得知憨山在崂山,遂命龙华寺住持瑞庵亲自寻访,召其回京。憨山回复太后:"倘蒙圣恩容老山海,受赐多矣。又何求其他?"瑞庵回报太后,具奏实情,太后闻之,心下不忍,遂发三千金为其修庵之用。

当今太清宫某道长认为对于这笔款项，憨山却另有打算。一者他的目的并不在于在太清宫侧建一小庵存身，而在于海印寺。崂山历来为道教圣地，更兼其时山东大饥，大兴土木只会与民结怨。为了以后的发展着想，憨山遂将这笔巨款赈济了饥民，此举果然博得了当地士绅和乡民的拥戴（有待结合《建海印寺上顺翁胡太宰书》考证）。其后，憨山终于达到了目的。万历十四年，皇上特敕颁佛经十五藏，散施天下名山，并首以四部施四边境：东海崂山、南海普陀、西蜀峨眉、北边芦芽。太后专程派人首送崂山。但其时憨山尚结庐居于太清宫之侧，无处安置经藏，只好寄放于官府之中供奉。此后，憨山诣京谢恩，并奏明此事，万历皇帝却不予理会。慈圣太后只好自己筹款，"命合眷各出布施，修寺安供"，并赐额"海印寺"。四年之后的万历十八年，殿宇落成，"于是教行而人归者众。佛宇僧寮之盛，几埒乎五台、普陀"。（《憨山老人自述年谱实录》）规模宏大的海印寺与香火日绝的太清宫形成鲜明的对照，暂居于太清宫的崂山道士耿义兰眼见本观道士不能守住基业，反而"举地以售"，落了个寄人篱下的结局，心中愤愤不平。为"鸣鸠逐雀"计（明万历癸卯新立太清宫形胜地至碑），遂诉诸公堂。

这段公案过去数百年了，太清宫的这位道长具有一些更加客观的认识，因而他的这段访谈记录在很大程度上可以印证佛教方的说法，也披露了更多的细节。这些细节详细介绍了憨山大和尚与慈圣太后的互动，也介绍了憨山在创建寺庙过程中的"欲擒故纵"或"欲取反与"的智慧。

3. 第三方的看法

对于这场僧道之争，明清两代人士各有评说，见仁见智，但大都站在佛家即憨山一方的立场上，从而惋惜海印寺的被毁。明崇祯七年（1634），安徽著名文人曹臣《劳山周游记》云：海印寺食僧日翻千指，唯不能善居其盛，妖孽害之，遂为虚址，断碑遗础，为之怃然。[①] 康熙年间，即墨文人纪润在《劳山记》中评论道："设憨山坐化劳山，名扬天下，至今游者络绎不绝，劳山之享名更当何如？"清代即墨文人蓝恒矩在《吊海印寺故址赋》中也表达了对憨山佛学成就的推崇，斥责耿义兰等人"狼心反噬，鼠齿速狱。鬼蜮暗伤，蜂虿有毒。骚客兴叹，名士顿足。恨瞻铄金，等此身于碎玉"。同治年间，即墨县令林溥认识到佛道相争的无奈，在《劳山纪游》中

[①] （明）曹臣：《劳山周游记》，1634。

发出了这样的感慨："华藏元宗无二义，可怜缁羽柱相侵。"① 综之，太清宫与海印寺的这段历史公案曾令无数文人扼腕叹息，他们大都持扬憨山而抑耿义兰的态度，为崂山佛教遭受重创深感惋惜。

三 具体的司法过程

尽管上述已经披露了一些司法审理过程的信息，但还是不够详细。在此需要作出更进一步的梳理和披露。

在《控憨山疏》中，耿义兰指责憨山于万历十三年（1585）二月内，假称敕旨赍奉前来占山。势逐住太清宫道士刘真湖等，拆毁太清宫圣像三百余尊，打死道士张德容，碑像人尸具皆投入海内。改宫为敕建海印禅寺，改山为那罗延山。耿义兰曰："……臣被逐，不知真假，密访三年，方知前情。于万历十七年具告山东巡抚衙门，准批本平府。岂知恶等财势逐压，诬臣徒罪四年。道童贾性全痛臣之冤，于万历十八年八月内复告，巡抚旋批府州，其间理衙门见僧屡有敕昌，势大难辨，又拟臣性全不应罪名。道童连演书、刘真湖又告于巡抚衙门，批海防道转行本府，被恶势压仄，诬演书、真湖假一载。刘真湖被诬，连演书方得释放逃生。痛思臣等皆系无后道人，原非为产，乃为千万年之香火废于一旦，数百座神像毁于妖僧。"②

他具体给憨山罗列了数条大罪：结交白莲教；诈称敕旨；交通内侍、官府；霸占道产、殴伤人命；造船海运、囤积粮草；勾结外敌等。他为皇帝建言"劳山居东海之内，与外国倭夷相邻，以逆党隐冯保家财，积草屯粮，出没异常，祸机将来莫测"。种种罪款，但犯其一，便足以灭门。

崂山太清宫现任某道长说："疏中所言，虽有夸大成分，但其所述诉讼之艰难当属实情。"在几个无权无势的道士与背后有强大靠山的憨山之间，官府当然是袒护后者。耿义兰在官司失败后，反而遭受笞刑，被判徒罪四年，更加愤恨，出狱后又到了海印寺门前，"乃指宫门詈曰：'尔秃覆楚，予将秦庭七日哭而复尔也。'于是，上变告憨山"③。

由于憨山为太后所宠信，地方官吏不敢贸然处理，所以在多次上告无

---

① 彭涟：《有功于教，获过于天：明代高僧憨山大师的凄苦人生》，《杂谈》，2014。
② （明）耿义兰：《控憨山疏》，载道微《明末崂山僧道之讼：看扶教真人耿公如何维权？》《道教杂谈》，2016。
③ 《即墨县志》，新华出版社，1991。

果的情况下，道士耿义兰破釜沉舟，决定于万历二十三年（1595）进京告"御状"。当明神宗看到"察某衙门官员所费某项钱粮，某衙门稽察恶等违法诈冒多端，罪愆重重"字样时龙颜大怒。于是万历皇帝在耿义兰的《控憨山疏》上御批："既屡控，巡抚理宜具奏，何叠批有司，党援妖僧害道殃民，是何情弊？仰刑部将经书官员并一干人犯提审。"

万历二十八年，朝廷降旨毁寺复宫，并斥巨资重修太清宫，颁赐《道藏》一部为镇山之宝。同时，为嘉奖耿义兰护教之功，敕封其为"扶教真人"，钦赐御伞御棍、金冠紫袍，永镇道场。耿义兰于万历三十四年（1606）十月十五日飞升，世寿97岁（一说110岁）。太清宫道士为怀德不忘，曾作诗志之："风霜耐尽故人亡，海角名标万古香。若是天涯无耿子，穹苍何处设仙乡。"① 因而他也被尊为崂山道教十大道首之一。

万历三十一年，太清宫道士贾性全等上书莱州府，乞请官府为太清宫勘定界限，并立碑永志，防止以后再生争执。莱州知府龙文明即令即墨县令刘应旗等人"躬诣踏看，得地三百八十三处，共计一顷二十七亩九分六厘……准令永不起科"。（《明万历癸卯新立太清宫形胜地至碑》）而实际数目恐怕远不止此。道士们为了避免日后的再次争讼，遂将太清宫地界四至勒诸道观内一块巨石上（见图1）。

图1 明万历癸卯新立太清宫形胜地至碑

---

① 周至元：《崂山志》，齐鲁书社，1993。

官司打赢后的太清宫声名大振,全国各地的道士均来朝山或挂单,不但使太清宫一派繁荣,也带动了整个崂山道教的发展。此后二百余年间,崂山道教长盛不衰,道派林立,宫观遍布,有"九宫八观七十二名庵"之说,被誉为"道教全真天下第二丛林"。

那么,明神宗为什么看到山东巡抚衙门内的官吏们惮于太后的庇护以及官员们的不法行为而生怒呢?这需要仔细分析明王朝当时宫廷内部的派系斗争。

四　为何龙颜大怒?

万历十三年至二十三年,这场围绕着海印寺地皮产权的归属问题,憨山与峙山道士引发了一场惊动朝野的僧道之争,最终以憨山被贬成而告终。僻处一隅的崂山上僧人与道士之间发生地皮纠纷,似乎也不是什么大事,何以惊动朝野,竟然得到皇帝亲自批示呢?走访中我们了解到,如今崂山华严寺的大师们见解一致,认为崂山僧道之争绝非简单的地皮之争,而是涉及万历年间帝后之争、储嗣之争、内侍之争、僧道之争的一段错综复杂的公案。但我们认为,最主要应追溯至明万历朝的宫廷内外派系问题。

自万历六年神宗大婚之后,慈圣太后总为王皇后的不孕而担心挂虑,常以祈嗣为由兴建佛寺。万历九年(1581)十月,慈圣太后遣宦官前往五台山建祈嗣无遮会,而万历皇帝则早太后一步派宦官前往武当山设祈嗣道场。

> 皇上遣内官于武当,阴为郑贵妃祈嗣,祈之道士也。圣母遣内官于五台,阴为王才人祈嗣,祈之和尚也。各有崇信,各有祷求。内使窥伺帝意,惧有不测,故以阿附为心,遂二心于圣母之命……厥后牢山难作,皇言有云,举朝为和尚,我偏为道士,遥结武当五台一案也。①

可见,万历皇帝与皇太后所钟爱、所求与所信各异,万历皇帝为郑贵妃祈嗣于道士,太后为王才人祈嗣于和尚。我们可以仿照列维-斯特劳斯的二元对立理论②列出皇帝和太后形成的两大对立的政治集团或派系。

---

① 福征:《憨山老人年谱自序实录》"九年辛巳"条。
② 〔法〕克劳德·列维-斯特劳斯:《结构人类学》,陆晓禾、黄锡光等译,文化艺术出版社,1989年,第42~69页。

慈圣太后集团	皇帝集团
慈圣太后	明神宗
王才人	郑贵妃
五台山和尚	武当山道士
山东地方官	内使

内使本来是站在慈圣太后一边的，但窥测到圣心且恐日后有不测，才暗地里倒向了皇帝一边。至于山东的地方官吏，本来他们是不归属任何一派的，而且哪一派他们都得罪不起，只能奉命办事。所以，当皇帝没有什么指示之前，不能不揣摩并迎合慈圣太后的心意且努力为之办事，这就是他们百般刁难以道士耿义兰为首的道教一方的原因之一。当然，我们是在不考虑是非曲直的前提下来推论山东地方官的心思的，我们宁愿相信：山东地方官是坚守并主持正义的，他们从双方提供的证据和证词来判断道士集团是输理的，这也许这才是不支持道士系统而维护憨山为首的佛教系统的关键原因。但对于皇帝而言，他本来就与皇太后有隙，此时更担心山东地方官僚系统与她形成了一个政治联盟，自然会努力粉碎这一集团。即便没有这种可能，皇帝本人也会迁怒于地方官僚，因为出于孝道他无法拿慈圣太后出气，此时山东地方官吏和憨山等佛教成员便成为他发泄个人怒气的出气筒或替代物。

崂山僧、道两家的纠葛实为"帝后之争"的工具，最终，憨山及海印寺不幸沦为牺牲品。

五 讨论与结论

至此，我们通过"层层剥笋"的方式终于将几百年前的这一案例揭破。诚如本文开头所言，我们的确不能按照现代法治主义的"化约原则"来理解这一案件。在现代法制主义看来，它们只是关注本案件的两造，即以憨山为首的佛教法人团体和以耿义兰为首的道教法人团体之间的关系与互动。即在责任追究和权益保护方面也只是限于这两方。余外，尽可能不扩及其他社会成员。但是我们看到，如果仅仅局限佛道两方人员的话，我们很难彻底地理解这个案子。我们不能不借助西方人类学家提出的"扩展个案法"或"情景分析法"来重新分析此案，由此也不能不佩服"扩展个案法"或

"情景分析法"理论分析的有效性。

就这个案例而言,我们是在同一历史时间段内沿着复杂的社会关系向外拓展来认识此案的。即由佛道争夺庙产扩及宫廷内部慈圣太后与皇帝的矛盾,其中裹挟了内使宦官和地方官僚两种社会职业阶层。中国法律人类学家朱晓阳在云南小村的研究中由于面对的是历史情境的先后问题,故使用了"延伸个案法",无疑是得当的。但"extended"这个词既可以指空间上的扩展,也可以译成时间上的扩展,所以,本文将其翻译成"扩展个案法"。

但是,诚如本文开头所张本的,我们并不满足或停留于"扩展个案法"或"情景分析法"的理论追求和学术抱负。首先,从隐喻与转喻角度观,崂山海印寺和太清宫之佛道两团体之间的矛盾与争斗实际上隐喻着明王朝宫廷内部皇太后与皇帝之间的争斗。甚至,王才人和郑贵妃之间的争宠夺势也隐喻其间,或者说两个妃子各自寻找靠山并假借靠山而达成自己的目的。但是,这种隐喻的关系并不是单个生命对单个生命,而是以组合的、结构的方式进行对应与隐喻。这一点是很不同于"扩展个案法"或"情景分析法"思路的。

其次,我们还应该看到三方之间转喻关系。由于憨山替慈圣太后和王才人祈嗣成功,因而憨山便获得了慈圣太后和王才人的象征资本乃至行政资源。山东的地方官僚深谙个中道理,自然不敢慢待乃至得罪憨山。而皇帝也以转喻思维理路来看待憨山和慈圣太后及王才人的关系。在明神宗看来,惩治了憨山也就是象征性地惩罚了慈圣太后,也从而给自己不喜欢的女人——王才人以颜色看,给自己喜欢的女人——郑贵妃以尊严和地位。慈圣太后不论是嫡母还是名义上的母后,出于孝道,神宗不敢拿她怎么样。从常理推断,作为进士出身的道士耿义兰也应该明白转喻的道理。他明知道背后的关键作用是慈圣太后和王才人,但是凭着以他为首的一个地方道教团体是很难扳倒皇族内部任一集团的,但是他可以对憨山一伙下手。他明知道皇帝最关心什么,就刻意列出了许多条罪状,条条皆可置憨山于死地。耿义兰也知道皇帝无法对慈圣太后下手,那如果拿憨山下手,自可以象征性地纾解皇帝内心的郁闷与不快。至于皇帝与道教是什么关系,我们无法在此文中详细叙述清楚。但无疑的,其中的转喻关系是不言而喻的。明朝的嘉靖皇帝笃信武当道教,而圣宗皇帝是他的亲孙子,自然延续和继承了对武当道教集团乃至整个天下道士集团的信任关系。

比如，如果慈圣太后、皇帝、山东官僚、憨山和耿义兰构成一个语句的话，那么，这个语句的基本框架和语义指向是由前两人决定的，后三者无法在这个语义结构中自我定义，即憨山、耿义兰、山东官僚无法自我获得语义。我们只有将其放在这个语义链中，才能理解憨山-耿义兰这一次级语言结构的意义。而且随着慈圣太后和皇帝两人的博弈和权势之消长，这个语境的指向会发生变化，从而带来了人物命运的起起伏伏。

道士耿义兰的行为还告诉我们当地社会另一个处事原则。调查发现，当地山民对待购买他人宅基等财产极为慎重。特别是在别人经济危机或财政受困之时，出手购买宅基、田地等日后容易发生纠纷。而对于出售者而言，即使产权手续过完了，在他及其子孙的观念里，那房屋、宅基和田地等仍是他们的财产。又，在他人田产、房舍、宅基周围购得土地容易引发日后的纠纷。因为每一处田产、宅基周围都会有一些荒地。这些荒地在土地性质上属于"飞地"或"无主地"。按照民俗惯例，谁的"地边子"是谁的。如果购买者日后过度开发，就会引发邻居的不满，常常因此发生诉讼。一些恶棍地痞，利用这种民俗事例和观念意识在日后作祟，狡辩说自己或自己的祖先先前卖出的土地、房屋、宅基等是被"霸占"或"逼卖"等，毁掉证据。而地方官并不熟知这种情形，可是又找不出证据来维护购买者的利益，致使案情莫白，最终难以判案。道士耿义兰很可能是抱着这种侥幸心理，才发起诉讼的。必须将诉讼行为放进这种地方的文化语法里来理解，才能透彻。

可以用相同的思路来理解憨山。在憨山看来，那里的土地原本就是佛家的一块（由观音庵为证），只是后来被道士们霸占了。即元朝初年全真七子假元世祖之威福，多占佛寺，改为道院。他从道士手中购买并建海印寺，那是"拿回来"，于理于情都是说得过去的。我们看到，在观念意识和思路上，憨山与耿义兰如出一辙。

最后，我们认为这个案件的司法处理过程也是一种文化交流或文化陈述。它表明了在中国传统社会中，任何一件民事案件都不能单纯地看作是现代法学意义上的民事案件，其中总掺杂着官府甚至皇家的力量和因素。这种力量和因素最终影响了司法程序和审理结果。

聚焦于文化多样性的跨学科对话
——文化、法律与生态学术研讨会述评

王广瑞

摘　要： 文化是一套意义系统，法律是一套制度系统，生态是一套自然系统。文化、法律、生态三者分别是人类学、法学和生态学的研究对象。三个学科各有侧重，又有交集。文化的多样与生态的多样紧密相连：多样的生态资源是不同文化生活方式赖以存续的物质基础，多样的文化信仰、习惯和传统知识也造就了一个没有脱离特定群体文化的精神和制度的自然系统。文化、法律与生态学术研讨会讨论三者之间的关系，并从多学科的角度回应了人类面临的生态与发展问题。

关键词： 文化人类学　法律人类学　生态人类学

从文化、法律和生态三个学科的视角观察各种对自然资源或文化资源的商业开发，以及以保护生态环境、实现可持续发展为目标的各种措施，我们亟须进一步研讨问题是：究竟应当在怎样的"知""行"层面上实践联合国可持续发展的理念和目标？"基于文化的发展"与可持续发展是什么关系？如何真正理解作为"悬挂在自己编织的意义之网上的"（格尔兹语）人或不同文化群体对当地发展和规划"意义"的不同阐释？各种不同文化的群体或行动者之间如何平等关护彼此的正当权益？国家在规划应对气候变化或采取具体的生态环境保护措施时如何尊重和利用当地人的习惯权利和传统知识，并让他们恰当地分享经济发展和社会生态文明建设的成果？

基于以上背景，2018年11月2日至4日，"文化、法律与生态"学术研讨会在北京中央民族大学召开。会议由中央民族大学民族文化多样性研究中心主任巫达教授、挪威北欧中国法律研究所所长周勇教授共同发起和

召集，来自中国社会科学院、华东政法大学、复旦大学、中南民族大学、西南民族大学、北京外国语大学、中央民族大学、挪威奥斯陆大学等海内外学者四十余人，围绕当今人类学关心的文化、法律与生态领域交叉的热点问题展开深入研讨，根据会议论文和主题，将其综述如下。

一　文化、法律与生态三者关系

中央民族大学副校长、民族学与社会学学院院长麻国庆教授和北京市高校中国特色社会主义理论研究协同创新中心（中央民族大学）主任、中央民族大学马克思主义学院院长孙英教授在致辞发言中对文化、法律与生态三者关系进行了诠释与概括。麻国庆认为，文化、法律与生态是当今人类学关心的焦点问题，三者即使在传统教科书中也占据人类学研究的半壁江山，因此这次学术研讨会是充满学术生命的会议。文化在推动民族形成过程中影响很大，十多亿人口的汉族作为世界上最大的民族，就是在中华文化的推动中形成的。生态是当今社会的重要议题，人和自然的关系希望和谐、宽松一点。民间的生态知识成为理解当今社会发展的重要体系和重要基础。当今有两类科学体系，一类是进步的、向上的现代科学体系，当然也会带来文化、伦理问题；另一类是民族的知识体系。科学和民族两种知识体系碰撞到一起的时候，如何思考和应对是一个挑战。各种社会生态的变化是一条连续的生物链的概念，核心是全球化背景下的可持续发展问题。在以往生态学的概念中，很少讨论人本身的问题，20世纪80年代以来，人的问题越来越受到关注。人的背后如果没有法律的控制，会失去秩序。

孙英用精神纽带、物质基础、制度支撑概括文化、法律与生态三者的关系：中国是多民族国家，各民族共同生活在一片国土上，民族团结是各民族的生命线，坚持以马克思主义为指导是搞好民族团结的前提、基础和关键。文化是多民族团结进步的精神纽带，法律是多民族团结进步的制度支撑，生态是多民族团结进步的物质根基。

二　围绕文化与生态的讨论

中央民族大学民族文化多样性研究中心主任、民族学与社会学学院教授巫达以"文化多样性、习惯法与生态保护"为题展开讨论。他认为地球是一个文化多样性的世界，多样性源于生物多样性的概念。原有的知识与现代的法律制度如何协调的问题是人类学的研究领域。在现代法律建立之前，人类学的研究告诉我们，地方的习惯法、地方性知识可以起到维系地方生态的作用。每一种文化是与生态相关的，比如盘古身体的一部分变化为自然的部分，人类对自然是很敬畏的。在彝族的很多仪式中，毕摩要做很多与生态相关的仪式，地上的一个树枝表示一棵树。除了国家法律之外，我们地方文化中的习惯法以约定俗成的形式起着保护生态环境的作用。我们在研究用国家法律制度保护生态的同时，还应该深入研究不同文化中关于生态保护的地方性知识和习惯法，使之成为国家法律制度有效的补充。

内蒙古社会科学院民族研究所研究员、原所长白兰认为，萨满教是对于信仰者而言就是一种关乎生存的生态理念，人类学视野的评价是生态观进入社会体系的范式。人类历史贯穿着探索自然的过程，每个民族都有自己的一套自然观、哲学观。随着人类对自然认识的深入，近代科学家把人类对自然的认识提升到一个新的哲学认识层面——生态观。对人类生存发展和自然生态环境的双重观照是萨满教的突出特点，在长期的浸润中，人与自然和谐共生的理念已内化为萨满教信仰诸族的自觉意识。但是，纯粹依靠知识与技能来保护环境还远远不够，需要树立环境伦理观和环境道德意识。萨满教的生态理念和生态伦理观念、生态保护的道德意识是解构新时代的文化现象、经济现象以及政治行动的智慧要素，是人类文化遗产的重要资源。

中央民族大学民族学与社会学学院博士王广瑞从彝族的贷碗传说与默契交易谈起，讨论生态文化与交易法则的变迁。在川滇交界的彝族地区，贷碗传说与蛮王洞的故事广泛流行。这类故事与当地奇异的生态景观不无关系，是人类适应自然、改造自然的一个特殊案例。与世界上其他地区曾经出现的默契交易现象不同的是，彝族地区的交易形式以物物交换为主，是仅仅存在于内部共同体成员之间的一种互惠。随着市场经济和全球化的推进，这种交换形式逐渐消失。体现在交易形式上的变迁是：第一步从"自然—索取"到"物物交换"，第二步从默契交易到市场交易。从文化生态学的角度研究彝族地区的贷碗传说，有助于深入理解默契交易现象，反观当今社会的市场交易法则。

中央民族大学民族学与社会学学院博士生张梅梅以山西老陈醋为例，

从饮食中看生态文化。饮食行为不只是人类社会发生的活动，同样也存在于动植物世界，人类饮食之所以有别于动植物，在于人类在一定程度上遵循了文化的意义系统。"一方水土养一方人"，水土与人的关系正是生态与人的关系，也是自然与社会的联系。地域味道意味着生态空间给予食物特有的且专属的味道，生活在不同生态空间的人们如何运用生态所带来的便利创造饮食文化是笔者探讨的议题之一。笔者以山西老陈醋为例对生态与食物的关系形成呼应，追溯山西人食醋行为背后蕴含的文化意义，在此基础上反思了生态与文化之间关系。

中央民族大学民族学与社会学学院研究生曲别军林以马边彝族自治县烟峰镇彝家新寨的重组与旅游开发为例，讨论彝族传统生态文化观念的现代延续与重构。马边彝族地区彝家新寨空间格局中既彰显了生态文化的历时性过程，同时也引进了非遗文化传承概念，这种非遗文化的开发是对生态效益、文化效益与经济效益集于一体的整体展演，通过重塑新型的生态空间体系和创新本土文化资源的模式来达到本土彝族传统文化的自我表述和呈现。

中央民族大学民族学与社会学学院博士孙荣垆基于石河子垦区的个案分析认为，在石河子垦区这一人造绿洲形成和发展过程中，始终存在经济发展与生态环境保护之间的矛盾。在经济发展和生态环境保护的双重压力下，绿洲地区人与自然环境的关系更为微妙和复杂，解决绿洲地区经济发展与生态环境保护之间的矛盾不仅需要科技，更需要建立起一种适合当地的生态文化。

北京爱奇艺科技有限公司上海分公司纪录片导演赵鹏基于拍摄甘肃月牙泉景区引发的思考，从媒体角度分析了文化与生态的关系。

三　围绕生态与法律的讨论

挪威奥斯陆大学法学院马丽雅（Maria Lundberg）教授议题：可持续发展与法律。可持续发展有时在法律框架之内，有时候又脱离法律。发展并不仅仅意味着金钱，与发展相关的"人"很关键。发展不仅仅是经济，也必须是社会的。环境是需要永远关心的话题，政府、公司对环境的话语权有影响。原住民和少数民族也有权利参与其中，关于发展的民间知识体系是在当地人的文化、语言的相互交织中产生的，应该继续保持，而不是随着现代化而消失，发展的规划和举措需要获得他们的同意，而不仅是听取他们的意见。经济发展是基础，也可以成为文化的权利。例如萨米人拥有环境和发展的权利，他们对瑞典的法律、经济活动产生影响。芬兰的经济发展需要在萨米人的驯鹿、放牧之间寻得平衡。应该给予少数民族决定自己生存与发展的权利，而不仅仅把他们作为听众。秘鲁的单峰骆驼案例给联合国提供了重要原则，经济发展须征得土著居民自由的、事先的、知情的同意。法律决定人们在可持续发展中拥有哪些权利以及谁拥有这些权利，不仅仅是经济权利，还包括社会、文化、政治方面的权利。挪威在20世纪80年代联合国提供了一个很好的案例，人们应该给后代保留发展的权利，即可持续发展。

奥斯陆大学法学院和挪威南森研究所环境法教授Ole Kristian Fauchald议题：《生物多样性公约》在挪威的实施。《生物多样性公约》探讨生物多样性的问题，萨米文化是保护性领域。公约中规定了萨米人的权利，政府部门通过基因测序或传统知识的掌握这两种方式来判定某公民是否享有萨米人的权利。在经济发展与传统知识、当地人文化的关系方面，应尊重当地人的决定。

挪威北欧中国法律研究所所长、教授周勇议题：水电开发中的文化、生态与法律问题。水电开发中出现的文化、生态多样性问题，可以用可持续发展视角进行观察分析。这是挪威首相作为联合国环境署的负责人提出的观点，三十年后成为可持续发展的目标。可持续发展的困难在于治理，经济增长、社会公平正义与环境生态保护的平衡在于治理，治理需要法律作为基础。水电开发公司在社会公平正义认知方面与国际上存在距离，中国水电开发逐渐走向西部，面临少数民族地区文化多样性和生态的脆弱性。可持续发展需要协调和平衡四个方面重要的利益关系：国家、公司、地方社会（世居民族等）、非政府组织（公共利益的代理人），这从法律学方面看是一个挑战。从人类学整体观来看，目前缺乏可持续发展最重要的价值基础，道德经济、环境伦理学面临严峻的挑战。

四　围绕法律与文化的讨论

中国社会科学院民族学与人类学研究所易华教授以纳西族、彝族、藏族等少数民族地区的婚姻文化为例，认为性是自然，婚姻是文化，只有在理想社会中才能实现完全的婚姻自由，婚姻多样性作为一种文化应该受到应有的保护和尊重。

北京外国语大学博士后朱文珊考察突尼斯的"麦亥尔"聘金，分析法律框架内外的文化传承与变迁。

中央民族大学民族学与社会学学院博士刘坚讨论乡规民约与乡村治理，认为处理好法律与乡规民约的关系，既要注意各地乡规民约自己成长的文化因素，又要考虑法治国家建设的需要。

中国社会科学院民族学与人类学研究所陈慧萍、李臻通过五份清水江契约文书的个案研究认为，村寨公共财产基于村落共同体而形成，是一种典型的集体层面的社会资本，属于村落共同体内部所有。村寨公共财产的处置正是基于这些充分运动的各类社会资本，以此争取更多生存资源，并进一步加强村落共同体内部的相互依存和紧密联系。通过对村寨公共财产的处置这一集体行动，村落共同体内部各成员分享共同的物质财富，进而相互扶持、紧密互动，集体认同感更是在村寨公共财产处置的过程中得以维系和提升。村寨公共财产的处置也为村落共同体的运转和发展提供支持和动力。

青岛大学研究生周琳和杜靖教授的论文运用扩展个案法、情景分析法和文化交流理论分析明代万历年间关于崂山海印寺地产的一段公案，这场争讼涉及著名宗教人士憨山、耿义兰以及皇权人物明神宗和其母慈圣太后。研究认为，作为民间法律纠纷，海印寺地产之争实际上向世界陈述了中国传统社会的某方面性质，这一案件内部涉及的诸方在结构上存在隐喻与转喻并陈的文化交流模式。

贵州民族大学讲师刘俊以剑河县柳旁苗寨为例，分析民族村寨中鼓藏头产生的逻辑规则及法治维度。鼓藏头作为苗族传统节日之一的鼓藏节负责人，既传承了本民族的文化，也以一种特殊的权力符号对民族村寨的社会秩序起到重要的调适作用。通过对鼓藏头产生程序的窥探，不难发现蕴含其中的国家法与民族习惯法存在矛盾、冲突，如何在新时代的法治生态环境中对二元法律进行具有包容性的调适是研究的最终旨趣。

呼和浩特民族学院法律系副教授朝克图以国家制定法与民族习惯法的互补融通为视角，考察存留养亲制度在清朝蒙古地区的变通实施情况。存留养亲制度是我国古代对判处死刑、流、徒刑等刑罚的人，视其尊亲需要赡养而又无人赡养的情形而设定的有条件暂不执行原有刑罚，准其奉养尊亲的法律制度。清朝以前的蒙古法律中并没有发现存留养亲的相关规定，这本身与其蒙古传统的以"罚畜刑"为主的刑罚体系不无关联。清入关后，在统一多民族国家法制的推动和影响下，蒙古地区的传统法制也因情势而变，积极援引内地法律、统一的司法执行制度具有一定的历史必然性。清朝蒙古地区的存留养亲制度在主体资格限制、罪犯罪刑要件以及程序控制方面都作出了符合蒙古地区特点的法律规定，为当时的犯罪治理和边疆稳定作出了积极的贡献。

常州工学院茆晓君副教授对法律与道德博弈进行再探究。法律能否在社会文化脉络下得到民众认同，需待其与社会生活和经验事实结合，"地方性"与法治文化的融会才是法律的正源所在。洞见或识透隐藏于深处的棘手问题是艰难的，因为如果只是把握这一棘手问题的表层，它就会维持原状，但仍然得不到解决。因此，必须把它"连根拔起"，使它彻底暴露，这要求我们以新视角来思考。道德越轨常以"隐藏"面目示人，以利己来破坏社会正义结构。越轨者如果以成功者面目出现而得不到约束和惩罚，那么越轨行为将成为被效仿的范例而受到追捧，要通过制裁遏制这种态势。

呼和浩特民族学院法学与民族学学院讲师王孟合以《内蒙古自治区基本草原保护条例》《野生动物保护法》为切入点，探究蒙古族生态保护习惯法的地方性知识，主张对地方性知识的探讨应极力避免误入地方性常识的怪圈，地方性知识本身具有意义情境之视界，对研究者的要求是去他人社会、研究他人的存在、承认地方世界自秩序形成机制。

西南民族大学硕士研究生何长英以习惯法与国家法的互动与调适为切入点，讨论凉山彝区乡村治理的法治化。只有重视法治化进程中习惯法的作用，重视习惯法与国家法的冲突与调适，在不违背国家法原则的基础上充分发挥习惯法的优势，合理利用习惯法，将习惯法与国家法结合起来，才能更好地解决乡村治理中存在的问题，将乡村治理法治化，建设和谐文明乡村。

中国社会科学院大学（研究生院）博士研究生孙春蕾探究 30 年来汉人乡村法律人类学发展的知识脉络与生长点。30 年来，中国的汉人乡村法律人类学摆脱了苏联民族学范式和传统的政治经济学，告别了意识形态的捆绑与束缚，尝试以国际眼光和视野，扎根于本土经验和立场，以文化视角认知中国，并展开了与国外学术界开展对话。学术立场也从原本的自上而下的宏观立场转换为从微观的内部视角来判断和观察社会，注重法律学和人类学的交叉学科的研究，开始强调中国社会文化的多样性、历史变迁与过程。但是，反观 30 年来汉人乡村社会法律人类学的发展脉络，可以发现其虽有了一定的理论自省意识，却难以真正脱离西方学术的牵绊和阴影。要想彻底走出这种学术困境，寻找独特的生长点，还在于立足中国特有国情，以本土文化观研究本土社会，同时辅以国际视角和格局，才能更好地发展法律人类学，防止法律人类学研究的学术内卷化。

在新时代背景下，《文化、法律与生态》论文集收入 4 篇相关新作，以期展现文化、法律与生态跨学科研究的新动态。

中央民族大学硕士研究生林晨、龙春林教授以贵州黔东南苗族侗族自治州的苗族聚落为例，探讨黔东南传统村落景观所体现的生态文化基因，描述当地苗族独具特色的山地文化和生态意识，认为苗族文化传统与黔东南的气候条件、地理环境、社会背景相交融，具体呈现为苗族聚落的仪式、建筑、生产方式等。

四川音乐学院副教授王丹、四川省都江堰水利发展中心人民渠第一管理处助理工程师姚巨容等从口述史"述、记、传、录"的角度，对四川升钟水库进行民族志的研究，收集整理了一批基建统筹、人物事略、移民工程、发展现状等方面的珍贵文献，在一定程度上填补了升钟水库建设相关资料的缺失。升钟水库的建设是西南山区人民在恶劣生态环境中艰苦卓绝奋斗的一个缩影。

四川大学徐君教授、河南大学陈蕴副教授以三江源农牧区环保实践的两个社会组织为观察对象，环保组织通过具身性"表演"催生、培养民众的垃圾分类处理意识，促使更多环境主体加入环保实践活动，弥补环境治理中宏观结构与运动式治理之间的缝隙，最终将利他主义和实用主义的捡垃圾行动嵌入地方垃圾治理事项，形成环境治理合力。该文在生态文明的背景下具有一定的理论意义与实践意义。

河南大学郑泽玮副教授以 X 旗"北疆红色堡垒户"建设工作为例，探讨铸牢中华民族共同体意识视域下牧区治理何以有效的问题，认为牧区治理需要尊重牧区客观现实条件的特殊性、牧民参与治理的主体性，需要充分认识、维护、巩固牧区团结氛围的关键性。

图书在版编目(CIP)数据

文化、法律与生态 / 巫达主编. -- 北京：社会科学文献出版社，2023.1（2024.2 重印）
（中央民族大学民族学与人类学丛书）
ISBN 978-7-5228-0179-7

Ⅰ.①文… Ⅱ.①巫… Ⅲ.①文化人类学-文集②法学-人类学-文集③人类生态学-文集 Ⅳ.①C958-53 ②D90-059③Q988-53

中国版本图书馆CIP数据核字（2022）第253972号

·中央民族大学民族学与人类学丛书·
文化、法律与生态

主　　编 / 巫　达

出 版 人 / 冀祥德
责任编辑 / 高　媛
责任印制 / 王京美

出　　版 / 社会科学文献出版社·政法传媒分社（010）59367126
　　　　　 地址：北京市北三环中路甲29号院华龙大厦　邮编：100029
　　　　　 网址：www.ssap.com.cn

发　　行 / 社会科学文献出版社（010）59367028
印　　装 / 唐山玺诚印务有限公司

规　　格 / 开 本：787mm×1092mm　1/16
　　　　　 印 张：10.25　字 数：167千字

版　　次 / 2023年1月第1版　2024年2月第2次印刷

书　　号 / ISBN 978-7-5228-0179-7
定　　价 / 68.00元

读者服务电话：4008918866

版权所有 翻印必究